军人常用法律知识解答

武丽君 / 主 编　　董刚　陈榕金 / 副主编

清华大学出版社
北京

内 容 简 介

北京律师在到军营普法宣传过程中，收集和整理的部队官兵及军属在生活当中遇到的法律问题，结合专业知识，结合案例进行编写。编写模板为：提出问题；案例简介；律师答疑；法律依据。

版权所有，侵权必究。举报：010-62782989，beiqinquan@tup.tsinghua.edu.cn。

图书在版编目（CIP）数据

军人常用法律知识解答 / 武丽君主编. —北京：清华大学出版社，2014（2025.1重印）
ISBN 978-7-302-36312-5

Ⅰ.①军… Ⅱ.①武… Ⅲ.①法律—中国—问题解答
Ⅳ.①D920.5

中国版本图书馆CIP数据核字（2014）第081991号

责任编辑：刘志英
装帧设计：王文莹
责任校对：王荣静
责任印制：刘　菲

出版发行：清华大学出版社
　　　　网　　址：https://www.tup.com.cn，https://www.wqxuetang.com
　　　　地　　址：北京清华大学学研大厦A座　邮　编：100084
　　　　社 总 机：010-83470000　　邮　购：010-62786544
　　　　投稿与读者服务：010-62776969，c-service@tup.tsinghua.edu.cn
　　　　质量反馈：010-62772015，zhiliang@tup.tsinghua.edu.cn
印 装 者：大厂回族自治县彩虹印刷有限公司
经　　销：全国新华书店
开　　本：148mm×210mm　　印　张：8.375　　字　数：230千字
版　　次：2014年7月第1版　　印　次：2025年1月第16次印刷
定　　价：32.00元

产品编号：057321-01

本书编著者名单

主　编：武丽君

副主编：董　刚　陈榕金　晏军华

编　委：刘　军　孙　毅　李　雁　范庆虎

　　　　邓亚锋　古利新　裘雪美

编者的话

为驻京部队和官兵提供优质的、形式多样的法律服务，是北京执业律师的愿望，也是我们一直以来努力的方向。笔者先后通过担任部队法律顾问、受部队和官兵之托代为诉讼以及组织法庭进军营、现场法律咨询等活动，努力为部队、为官兵提供形式多样的法律服务，以实际行动践行为军服务的宗旨。

通过深入部队、了解官兵，我们注意到，在日常的工作和生活中，部队官兵或多或少地会遇到一些法律问题，由于不熟悉相关政策或法律规定，常常会产生思想问题，出现诸如情绪低落、闷闷不语、言语失常、工作消极等，有的甚至出现行为过激的言行，影响了部队士气，进而直接影响到部队的战斗力。众所周知，部队官兵的思想建设是部队建设的重要内容，是形成部队战斗力的重要因素。对此，我们热心律师编写了本书，将常用的相关法律知识和政策，通过一些典型的案例加以汇编，做到通俗易懂、简洁实用。

本书分优抚安置、预防犯罪、婚姻家庭继承法、市场活动、物权保护、侵权责任六篇，几乎涉及部队官兵日常工作和生活的各个方面，既可以作为部队官兵常备的法律知识读本，也可以作为部队开展法制教育的参考书。

本书由武丽君、董刚、陈榕金、晏军华、刘军、孙毅、李雁、范庆虎、邓亚锋、古利新、裘雪美等资深律师编写，编辑过程中得到了部队、律协的大力支持，在此一并表示感谢。由于初次编写该类的法律知识读本，不当之处在所难免，也衷心希望部队官兵及各界同行提出宝贵意见，以助我们进一步修正和改进，力争为部队及官兵提供更好的法律知识读本。

目录

第一篇 优抚安置篇

1. 大学生入伍，享受哪些优惠政策？ / 2
2. 不在户籍地入伍的义务兵，家属能享受优待金吗？ / 5
3. 同在一个部队服役，为何军属优待金的发放标准不一样？ / 7
4. 现役义务兵的家属能否享受医疗优惠？ / 9
5. 农村籍义务兵在服役期间是否可以申请宅基地？ / 11
6. 服役军人承包土地经营权是否可以保留，如果被征用是否应得到补偿？ / 12
7. 负有军人优待义务的单位不履行义务应承担什么法律责任？ / 14
8. 优抚对象被判有期徒刑的是否还能享受优抚待遇？ / 16
9. 士官随军家属自谋职业的有何优待？ / 17
10. 退役军人什么情况可以随配偶异地安置？ / 19
11. 自谋职业的退役士兵不回安置地报到可以吗？ / 21

12. 接收安置单位对安排工作的退役士兵，不按规定安排
    上岗该怎么办？ / 23
13. 退役士兵不服从政府安排工作的，会有什么后果？ / 25
14. 军人在服役期间立功受奖，在退伍之后享受哪些
    优惠待遇？ / 26
15. 当兵十年退役后，接收安置单位设置试用期是否合法？ / 28
16. 自谋职业的退役士兵能否参加事业单位面向社会的招聘？ / 30
17. 城镇士兵退役后从事个体户经营，享有哪些优惠政策？ / 31
18. 为了安置退役城镇士兵，对新创办的企业在税收上
    有无优惠政策？ / 34
19. 因公伤残士兵退役后，在企事业等单位工作，能够
    享受哪些待遇？ / 37
20. 军人的抚恤金能作为遗产继承吗？ / 40

第二篇　预防犯罪篇

1. 醉酒后犯罪能否从轻处罚？ / 44
2. 军人在执行任务中能否实行紧急避险？ / 46
3. 后动手的就是正当防卫吗？ / 48
4. 犯罪后躲过几年后就不会被判刑了吗？ / 51
5. 不满十八周岁的军人犯罪是否会被判刑？ / 53
6. 军人丢失涉密文件是否会被追究刑事责任？ / 55
7. 军人私自离队，是否构成犯罪？ / 57
8. 在恋爱期间，强行与女方发生性行为是不是犯罪？ / 59
9. "以偷讨债"是不是犯罪？应该怎样处理？ / 61

10. 军人犯罪被判刑后是否要开除军籍？是否要剥夺军衔？ / 64

11. 收买被拐卖的妇女又出卖的，应承担刑事责任吗？ / 66

12. 捏造事实，诽谤他人，应承担什么刑事责任？ / 69

13. 私存枪支、弹药是什么性质的行为？ / 71

14. 军人在训练中打骂、侮辱新战士，致人自杀身亡，
    应承担怎样的法律责任？ / 74

15. 什么是破坏军人婚姻罪？如何处罚？ / 76

16. 军人犯罪被判徒刑后由哪个单位执行？ / 78

17. 不服一审判决上诉的，会加重刑罚吗？ / 80

18. 什么是监外执行，应具备什么条件？ / 82

19. 在狱中表现良好，可以减刑吗？ / 84

第三篇　婚姻家庭继承法篇

1. 婚前约定将房产赠与对方，婚后还能撤销赠与吗？ / 88

2. 离婚时未发现或未处理的住房基金，事后还可以再分割吗？ / 90

3. 军人的配偶要求离婚，必须要征得军人同意吗？ / 92

4. 军人因公致残所获得的伤残补助金，在离婚时应如何分配？ / 94

5. 军人名下的复员费、自主择业费，离婚时应如何分配？ / 96

6. 婚姻关系存续期间，因一方职务发明受到嘉奖而获得的奖励和报酬
   是否属于夫妻共同财产，在离婚时能否进行分割？ / 98

7. 一方所持有的公司股份，在离婚时可以分配吗？ / 100

8. 婚后由一方父母出资为子女购买的不动产，可以认定为夫妻共同财
   产吗？ / 102

9. 夫妻一方个人财产在婚后产生的收益，是否属于夫妻共同财产？ / 104

10. 一方婚前贷款购买的房产，配偶一方对该房产享有财产权益吗？ / 105

11. 夫妻出资为一方父母购房，产权登记在一方父母名下的，离婚时该房屋能否作为夫妻共同财产进行分割？ / 107

12. 军人一方要求离婚时，有权分割另一方养老金账户中的保险费吗？ / 108

13. 夫妻双方达成以协议离婚为条件的财产分割协议，一方反悔的，应当如何认定？ / 109

14. 离婚时，在继承人之间尚未实际分割的遗产应当怎么处理？ / 111

15. 以夫妻共同财产出借给一方从事个人经营活动或用于其他个人事务的，对于双方的借款协议，依法如何认定？ / 112

16. 婚姻关系存续期间，一方有隐藏、转移、变卖夫妻共同财产、伪造夫妻共同债务行为的，另一方有权请求分割夫妻共同财产吗？ / 113

17. 夫妻可以约定婚前财产归各自所有、婚姻关系存续期间所得的财产部分各自所有、部分共同所有吗？ / 115

18. 女方婚内受到丈夫的家庭暴力，应怎样维护自己的合法权益？ / 117

19. 女方在分娩后不到一年、中止妊娠后不到六个月的情况下，男方可以提出离婚吗？ / 120

20. 离婚时子女判给一方抚养，另一方未抚养的，其与子女就断绝关系了吗？ / 121

21. 离婚时，如一方生活困难，另一方有义务给予帮助吗？ / 123

第四篇 市场活动篇

1. 农村村民与城市居民之间的宅基地房屋买卖是否有效? / 126
2. 机动车停放在商场地下收费停车场被撬丢失财物,商场应否赔偿损失? / 128
3. 购买拼装车后发生交通事故致人受伤的,应如何承担赔偿责任? / 129
4. 买房人不按时偿还银行贷款,银行是否有权解除抵押贷款合同? / 131
5. 租赁库房漏水导致损失的,物业公司是否应当承担赔偿责任? / 133
6. 设立公司失败时,因此产生的债务应如何承担? / 135
7. 网店"假一赔万"的承诺是否应履行? / 137
8. 商家偷换"实木"概念,是否属于欺诈销售?应否对消费者进行双倍赔偿? / 139
9. 股东财产与公司财产混同时,公司债权人的利益如何保护? / 141
10. 美容不成反中毒,供应商和销售商如何承担赔偿责任? / 143
11. 用他人的租赁物抵押有效吗?应如何处理? / 146
12. 购房人未购买预定房屋,开发商是否应退还定金? / 148
13. 一起因拆迁引起的不当得利案件 / 150
14. 父母以子女名义买房、贷款,该房应归谁所有? / 153
15. 订购的设备不符合要求,能否要求其重作? / 155
16. 未经保证人同意,延长了借款时间的,保证人还应承担连带担保责任吗? / 157
17. 融资租赁合同中,出租人应如何向承租人提供租赁物? / 159

18. 欠款超过两年是否就可以不用还了？ / 161
19. 委托开发的发明创造，其专利权应归谁所有？ / 163
20. 仓储合同成立后，仓储费应从何时开始计算？ / 165
21. 显失公平的买卖合同可以撤销吗？ / 167

第五篇　物权保护篇

1. 楼上漏水造成楼下财产损失，楼上业主是否应承担赔偿责任？ / 170
2. 业主能否自主占用楼顶安装无线电塔及设施？ / 172
3. 被司法机关、行政机关依法查封的房屋还可以办理房产证吗？ / 173
4. 共同出资购买房屋，但是仅登记一个人的名字，
   该房屋应归谁所有？ / 175
5. 在他人露台上方搭建房屋是否构成侵权？ / 177
6. 抛弃了的房屋，没有经过登记，还能要回来吗？ / 179
7. 地里挖出来的埋藏物，应如何处理？ / 182
8. 开发商出售停车位合法吗？ / 184
9. 农民外出打工，其土地承包经营权会丧失吗？ / 186
10. 怎样才算合法取得农村宅基地使用权？ / 188
11. 房产证上房屋所有权人登记错误，有法律效力吗？
    应该如何处理？ / 190
12. 已付款购买的电脑，没拿到手就被转给他人，还能继续
    要求交付吗？ / 192
13. 房屋抵押未经登记有效吗？ / 194
14. 未交付质押的财产，质押合同成立吗？ / 196

15. 王某能否要求李某返还中巴车并赔偿其因车被扣
    造成的停运期间的损失？ / 198
16. 拖欠部分运费，就有权扣留全部货物吗？ / 200
17. 被开除公职后，会丧失公有住房所有权吗？ / 203
18. 拾金不昧也可以要求酬金吗？ / 204
19. 购买房屋，还需要另行支付防盗网、防盗门及地板砖
    等费用吗？ / 206
20. 开发商侵犯了我的眺望权，我应该怎么办？ / 207
21. 农村土地承包经营权的转让和转包有何不同？ / 209

第六篇　侵权责任篇

1. 已受到刑事处罚还须支付精神损害抚慰金吗？ / 212
2. 不能证明自己无过错，是否应承担赔偿责任？ / 214
3. 他人教小孩损坏东西，小孩父母是否应承担责任？ / 216
4. 两人以上分别实施行为共同侵害他人权益，应如何
   承担责任？ / 218
5. 死亡赔偿金与被扶养人生活费可以同时主张吗？ / 220
6. 被损坏物品的购买价格与实际市场价格不一致，以
   哪个价格赔偿损失？ / 222
7. 毁损了具有特定纪念意义的物品，是否可以主张精神损害
   赔偿？ / 224
8. 骑车突发疾病导致撞伤他人，医疗费应如何承担？ / 226
9. 司机超速行驶将准备自杀的人撞死，应如何分担责任？ / 228

10. 劳务派遣单位对于派遣到用工单位的工作人员的侵权
    行为是否承担侵权责任？ ／230
11. 在网络上上传电影作品是否侵犯他人电影的著作权？ ／232
12. 顾客在酒店就餐时被打伤，侵权责任由谁承担？ ／234
13. 校外人员对学生侵权，学校是否承担赔偿责任？ ／236
14. 车主是否应对机动车辆的实际使用人的侵权行为承担责任？ ／238
15. 未过户的机动车发生交通事故，应当由谁承担责任？ ／240
16. 在医院输血导致感染乙肝，应由谁承担责任？ ／242
17. 动物造成游客损害，动物园已经尽了管理职责，
    是否还须承担赔偿责任？ ／244
18. 对逃逸的动物造成他人损害的，动物饲养者是否需要
    承担赔偿责任？ ／246
19. 挑逗动物致他人被咬伤，伤者应当向谁索赔？ ／248
20. 电子广告牌跌落砸坏车辆，应由谁承担责任？ ／250

后　记 ／252

第一篇
优抚安置篇

1. 大学生入伍，享受哪些优惠政策？

● **案例简介**

某部干事小罗，是华东政法大学本科毕业生，2011年响应国家政策，应征入伍。入伍前只是凭着一腔热情，但是对入伍后的优惠政策却不是十分了解，请问大学生入伍，享受哪些优惠政策？

● **律师答疑**

国家征兵办针对大学生入伍出台五个方面的优惠政策：优先参军政策，优先选拔使用，考研升学优惠，享受学费补偿和国家助学贷款代偿，就业安置优惠。这五个方面的措施均已经有了详细的实施办法和细则。比如，具备普通本科学历、取得相应学位的高校毕业生士兵，表现优秀、符合总部有关规定的可按计划选拔为军官。具有高等教育学历的士兵退役三年内参加全国硕士研究生招生统一入学考试享受加分，立二等功及以上的大学生士兵退役后还可以免试攻读硕士研究生等。同时，对服义务兵役的高校毕业生、在校生（含翌年毕业生）在校期间缴纳的学费，国家还将实行补偿。对获得国家助学贷款的实行代偿。在校期间每学年实际缴纳的学费或获得的国家助学贷款本息高于6 000元的，按照每年6 000元的金额实行补偿或者代偿；低于6 000元的，按照学费和国家助学贷款本息两者就高的原则，实行补偿或代偿。对退役复学的高校在校生实行学费资助，每学年学费标准高于6 000元的，按照6 000元的金额进行资助；低于6 000元的，按照实际学费收费金额进行资助。

按照2011年新修改的《中华人民共和国兵役法》，我国已从2011年起取消了正在全日制学校就学的学生可以缓征的规定，把正在全日制高等学校就学的学生纳入正常征集的对象,并将普通高等学校毕业生的征集年龄放宽到了24周岁。

国家和军队给予大学生选取士官的优惠政策主要有5项:一是对符合士官选取条件的士兵,同等条件下具有全日制大专以上学历的可优先选取士官。

二是对担任专业技术复杂岗位、胜任本职的大学生士兵,本人自愿继续服现役且符合岗位编制要求的,原则上保留至服现役满中级士官规定的服役年限。

三是对确定为士官培养对象的大学生士兵,优先安排参加与任职岗位相应的专业技术培训,优先安排担任基层分队长、班长、副班长。

四是具有全日制大专以上学历大学毕业士兵,首次选取为士官的,参照直接从非军事部门招收士官的有关规定授予士官军衔和确定工资起点标准,在地方高校学习时间视同服役时间。

五是具有全日制大专以上学历的士兵考入士官学校后,可参加高技能人才培养班,修满规定课程和学分的,发给职业技术教育本科毕业证书和学位证书;毕业后原则上服役至四级军士长,获得技师资格的,优先选取为高级士官。

按照解放军现行士官制度,士兵服现役两年后可以选取为士官,其等级由下至上依次为:初级士官(下士、中士)、中级士官(上士、四级军士长)、高级士官(三级军士长、二级军士长、一级军士长)。

各省市征兵办在上述规定的基础上,还有不同的优惠政策体现,比如北京市共出台了八项优惠政策。

● **法律依据**

《中华人民共和国兵役法》第十二条 每年十二月三十一日以前年满十八周岁的男性公民,应当被征集服现役。当年未被征集的,在二十二周岁以前仍可以被征集服现役,普通高等学校毕业生的征集年龄可以放宽至二十四周岁。

第二十六条 现役军官由下列人员补充：

（一）选拔优秀士兵和普通高中毕业生入军队院校学习毕业的学员；

（二）选拔普通高等学校毕业的国防生和其他应届优秀毕业生；

（三）直接提升具有普通高等学校本科以上学历表现优秀的士兵；

（四）改任现役军官的文职干部；

（五）招收军队以外的专业技术人员和其他人员。

2. 不在户籍地入伍的义务兵，家属能享受优待金吗？

● **案例简介**

某部队义务兵小刘，户籍所在地是四川绵阳，父母多年在广东打工，他从小学开始就在广东随父母共同生活，一直到高中毕业，当时正好广东征兵，小刘就在广东入伍，同时入伍的还有他的高中同学小王。但是之后，每年小王的父母都可以享受优待金，而小刘的父母却没有，小刘非常困惑，想了解一下，不在户籍地入伍的义务兵，其家属就不能享受优待金了吗？

● **律师答疑**

不在户籍所在地入伍的义务兵，其家属的确不享受优待金。《中华人民共和国兵役法》规定，义务兵服役期间，其家属由当地人民政府给予优待，优待的标准不低于当地平均生活水平，具体办法由省、自治区、直辖市确定。《军人抚恤优待条例》规定，优待金由义务兵入伍时的户口所在地政府发给，非户口所在地入伍的义务兵，不予优待。这是因为，应征青年应在户口所在地报名参军，优待金是在各地下达征兵任务时定下来的，并列入当地乡财政预算。在统筹安排征兵任务时，要考虑当地入伍的义务兵不属当地的兵役指标，对其家属，当地群众也就没有义务负担优待金。所以小刘的父母无法享受优待金的待遇，但根据相应规定，小刘的父母仍可享受军人家属的政治待遇。

● **法律依据**

《中华人民共和国兵役法》第五十八条　义务兵服现役期间，其家庭由当地人民政府给予优待，优待标准不低于当地平均生活水平，具体办法由省、自治区、直辖市人民政府规定。

《军人抚恤优待条例》第三十三第一款　义务兵服现役期间，其家庭由当地人民政府发给优待金或者给予其他优待，优待标准不低于当地平均生活水平。

3. 同在一个部队服役，为何军属优待金的发放标准不一样？

● **案例简介**

小李是从河南新野入伍，小王从山东金乡入伍，俩人同在北京某部服役。有一次小王和小李聊天，说到家里享受优待金的情况，发现小李的父母领的优待金比小王的父母领的少了很多，他们感觉很纳闷，为什么他们同时入伍，又同在一个部队服役，双方父母所领优待金的标准差距这么大呢？

● **律师答疑**

士兵优待金的发放标准是根据服役士兵入伍前所在地的当地生活水平确定的，因此，虽在同一部队服役，军属所得优待金的标准也可能是不一样的。

根据国家关于入伍士兵优待金发放的政策规定，原则上优待金的标准是不低于士兵入伍前所在当地平均生活水平。在这个基础上，各个地区可以根据本地实际情况，确定具体的发放标准，因此全国各地的优待金标准不是同一的，并且在同一个省的不同市、县，优待金的标准也是不一样的。根据各地方政策的规定，基本城镇和农村优待金的标准是一样的，但是省市和各区县的差异还是极大。以2011年冬季入伍士兵优待金发放标准为例，河南省各地市、县的标准也不统一，河南省南阳市优待金标准为11 400元，新野县为6 490元。山东省兖州市优待金是8 678元，金乡县为8 030元。

● **法律依据**

《兵役法》第五十八条 义务兵服现役期间,其家庭由当地人民政府给予优待,优待标准不低于当地平均生活水平,具体办法由省、自治区、直辖市人民政府规定。

4. 现役义务兵的家属能否享受医疗优惠？

● **案例简介**

某部义务兵小李的父亲被发现乙肝晚期，肝硬化腹水，需要花费十几万元的医疗费，小李家境贫穷，加之父亲重病，已经负债累累，小李想问部队有没有相关政策，父亲作为军属是否可以享受医疗优惠政策？

● **律师答疑**

义务兵家属无医疗优待政策。根据军人抚恤优待条例的规定，残疾军人、复员军人、带兵回乡退伍军人以及烈士遗属、因公牺牲军人军属、病故军人遗属享受医疗优惠待遇。具体办法由省、自治区、直辖市人民政府规定。国家通过中央财政对抚恤优待对象人员较多的困难地区给予适当的救助，用于帮助解决抚恤优待对象医疗费用缺口问题。小李现在是义务兵，并无伤亡，小李的父亲作为义务兵的家属不符合上述规定，不能享受公费医疗待遇。鉴于小李父亲的病情确实很严重，且经济困难，无力支付医疗费，建议通过当地民政部门、卫生部门与医院协调，申请酌情减免。

● **法律依据**

《军人抚恤优待条例》第三十四条　国家对一级至六级残疾军人的医疗费用按照规定予以保障，由所在医疗保险统筹地区社会保险经办机构单独列账管理。具体办法由国务院民政部会同人力资源社会保障部、财政部规定。

七级至十级残疾军人旧伤复发的医疗费用，已经参加工伤保险的，由工伤保险基金支付，未参加工伤保险，有工作的由工作单位解决，没有工作的由当地县级以上地方人民政府负责解决；七级至十级残疾军人旧伤复发以外的医疗费用，未参加医疗保险且本人支付有困难的，由当地县级以上地方人民政府酌情给予补助。

残疾军人、复员军人、带病回乡退伍军人以及因公牺牲军人遗属、病故军人遗属享受医疗优惠待遇。具体办法由省、自治区、直辖市人民政府规定。

中央财政对抚恤优待对象人数较多的困难地区给予适当补助，用于帮助解决抚恤优待对象的医疗费用困难问题。

5. 农村籍义务兵在服役期间是否可以申请宅基地？

● **案例简介**

一位农村籍义务兵小赵，在某二炮做义务兵两年，在服役期间得知其家乡有重新分配宅基地的机会。小赵不知现服役士兵是否有优抚待遇？

● **律师答疑**

小赵如果家中拥挤，少于规定的住房限额（计算限额标准应包括现服役人员），并且是确无住房的，可再申请宅基地。如果士兵在服役期间荣获二等功以上奖励因此而变成城镇户口的，则不能够申请宅基地。

● **法律依据**

《中华人民共和国国防法》第六十三条　国家和社会优待现役军人家属，在就业、住房、义务教育等方面给予照顾。

《土地管理法》第六十二条第一款　农村居民只能拥有一处宅基地，其宅基地不能够超出省、自治区、直辖市规定的标准。

6. 服役军人承包土地经营权是否可以保留，如果被征用是否应得到补偿？

● **案例简介**

一位来自于江苏省徐州市丰县的刚刚退役的农村义务兵杨某，对自己曾经在入伍前承包的12亩田地的征收耕地补偿费用问题产生了很多的疑惑。想了解自己是否还拥有入伍前的土地承包权？并且这些年的土地补偿费是如何进行分配与给予的呢？

● **律师答疑**

杨某在退役之后依然享有入伍前承包土地的经营权。征收土地的，按照被征收土地的原用途给予赔偿。征收耕地的土地费用，包括土地补偿费、安置补助费以及地上附着费和青苗补偿费。征收耕地的土地补偿费，为该耕地被征收前3年的平均年产值的6～10倍。

● **法律依据**

《军人抚恤优待条例》第三十三条第三款 义务兵和初级士官入伍前的承包地（山、林等），应当保留；服现役期间，除依照国家有关规定和承包合同的约定缴纳有关税费外，免除其他负担。

《中华人民共和国土地管理法》第四十七条 征收土地的，按照被征收土地的原用途给予补偿。

征收耕地的补偿费用包括土地补偿费、安置补助费以及地上附着物和青苗的补偿费。征收耕地的土地补偿费，为该耕地被征收前三年平均年产值的六倍至十倍。征收耕地的安置补助费，按照需要安置的农业人口数计算。需要安置的农业人口数，按照被征收的耕地数量除以征地前被征收单位平均每人占有耕地的数量计算。每一个需要安置的农业人口的安置补助费标准，为该耕地被征收前三年平均年产值的四倍至六倍。但是，每公顷被征收耕地的安置补助费，最高不得超过被征收前三年平均年产值的十五倍。

征收其他土地的土地补偿费和安置补助费标准，由省、自治区、直辖市参照征收耕地的土地补偿费和安置补助费的标准规定。

被征收土地上的附着物和青苗的补偿标准，由省、自治区、直辖市规定。

征收城市郊区的菜地，用地单位应当按照国家有关规定缴纳新菜地开发建设基金。

依照本条第二款的规定支付土地补偿费和安置补助费，尚不能使需要安置的农民保持原有生活水平的，经省、自治区、直辖市人民政府批准，可以增加安置补助费。但是，土地补偿费和安置补助费的总和不得超过土地被征收前三年平均年产值的三十倍。

国务院根据社会、经济发展水平，在特殊情况下，可以提高征收耕地的土地补偿费和安置补助费的标准。

7. 负有军人优待义务的单位不履行义务应承担什么法律责任？

● **案例简介**

小李是在北京服役的义务兵，以前在部队时就听说各市各地对于军人乘车免票的优惠政策。但去年回家探亲乘坐公交车时，小李上车就看到了醒目的"军人优先"的标语，可是当小李出示士兵证时，公交车司机的一句"不好使"让小李倍感尴尬。小李不知道对于这种情况应该如何处理，有没有相应的法律规范这种行为。

● **律师答疑**

针对小李这种情况法律有相应的规定，小李可以向有关部门举报公交公司的行为。根据《军人抚恤优待条例》第四十六条规定：负有军人优待义务的单位不履行优待义务的，由县级人民政府民政部门责令限期履行义务；逾期仍未履行的，处以2 000元以上1万元以下罚款，对直接负责的主管人员和其他直接负责人员依法给予行政处分、纪律处分。因不履行优抚义务使优抚优待对象受到损失的，应当依法承担赔偿责任。

负有军人优抚义务的单位是指承担《条例》规定的有关对军人优抚（包括对义务家庭的优待）义务的机关、社会团体、企事业单位和各类民办非企业单位。

● **法律依据**

《军人抚恤优待条例》第四十八条 负有军人优待义务的单位不履

行优待义务的，由县级人民政府民政部门责令限期履行义务；逾期仍未履行的，处以2 000元以上1万元以下罚款。对直接负责的主管人员和其他直接责任人员依法给予行政处分、纪律处分。因不履行优待义务使抚恤优待对象受到损失的，应当依法承担赔偿责任。

8. 优抚对象被判有期徒刑的是否还能享受优抚待遇？

● **案例简介**

小王是某部队义务兵，自从小王入伍之后，当地政府每年都给小王的父亲优待金。但在小王服役期间，小王的父亲因驾驶车辆发生交通事故，致使两人死亡，被判处有期徒刑两年，并赔偿受害人家属几十万。现在，小王的父亲在监狱服刑，家里经济困难，到过年了，小王父亲的优待金也没有发放。小王想问，在服刑期间，他父亲的优待金就不发放了吗？

● **律师答疑**

在小王的父亲服刑期间，不能再享受优抚待遇。

根据《军人抚恤优待条例》规定，优抚待遇的对象被判处有期徒刑、剥夺政治权利或者被通缉期间，中止其优抚待遇；其服刑期满，恢复政治权利后，经批准可予以恢复原有的优抚待遇。小王的父亲作为军人家属，本身可以享受优抚待遇，但是在服刑期间，小王的父亲的优抚待遇将会中止，待其服刑期满，恢复政治权利后，经批准可予以恢复原来享有的优待。

● **法律依据**

《军人抚恤优待条例》第五十条 抚恤优待对象被判处有期徒刑、剥夺政治权利或者被通缉期间，中止其抚恤优待；被判处死刑、无期徒刑的，取消其抚恤优待资格。

9. 士官随军家属自谋职业的有何优待？

● **案例简介**

2007年，驻京海淀区某部士兵李某经亲戚介绍，认识河北省廊坊市女青年曾某，两人经过一年的交往后，于2008年喜结连理。婚后，曾某一直在河北廊坊一家服装店打工，两人聚少离多。2012年春，李某因符合部队随军带家属的条件，故带曾某进京。进京后，李某所在单位积极为曾某协调北京市的单位为其解决安置就业的问题。曾某考虑到自己销售服装多年，也积累了一定的经验，如果到其他单位上班，年龄三十多了，不占优势，还不如自己开一家服装店。但是，曾某不知自己身为随军家属，在从事个体经营上有何优惠政策？

● **律师答疑**

曾某作为随军家属，国家鼓励自主择业，自谋职业，自己创业，各省、市政府部门也根据本地区的实际情况，出台相应优惠政策。曾某在北京随军，户口所在地落在海淀，根据北京市海淀区关于随军家属就业安置办法的规定，随军家属创办私营企业或从事个体经营，在工商、税务和社保及贷款方面都有相应优惠政策，具体如下：

（1）工商部门应优先办理审批手续，安排摊位，一年之内免收管理费、卫生费及摊位费；

（2）从事个体经营的随军家属，自领取税务登记证之日起，三年内免征营业税和个人所得税；

（3）可享受社会保险补贴政策；

（4）可享受小额担保贷款及贴息政策。

● 法律依据

《关于促进随军家属就业有关问题的通知》（京劳社就发[2007]179号）第七条　鼓励随军家属自谋职业。对于依法申领个体工商户营业执照，从事经营的随军家属，可享受社会保险补贴政策；按照国家规定享受税收减免政策和部分特定的行政事业性收费减免政策、小额担保贷款及贴息政策。

《海淀区随军家属接收安置办法》第十七条　鼓励随军家属自主择业、自谋职业，支持随军家属从事个体经营和创办企业。对从事个体经营和创办企业的随军家属，工商、税务部门应为其简化登记手续并加快办理。

第十八条　随军家属安置率达到依据市地方税务局规定的企业员工比例的，享受税收优惠政策。免税资格的审定，由企业写出申请，区双拥办会同区人事局、区劳动和社会保障局等有关部门共同审核，报市税务部门审定后，企业自领取税务登记之日起，三年内免征营业税和企业所得税。

从事个体经营的随军家属，自领取税务登记证之日起，三年内免征营业税和个人所得税。

10. 退役军人什么情况可以随配偶异地安置？

● **案例简介**

北京某部士官小李，一直忙于工作，很少顾及个人问题，到了28岁才经朋友介绍，认识了北京姑娘小文，双方一见钟情，恋爱三个月就闪电结婚。结婚三年后，小李中级士官期限已到，面临转业，小文非常希望小李能够留在北京，可是小李入伍时的户籍所在地是江苏连云港，一般转业都是回原籍安置，像他们这种情况，小李是否可以异地安置到北京？

● **律师答疑**

小李可以异地安置留在北京。按规定符合在部队驻地找对象结婚的中级士官、年龄超过28周岁的男士官或者年龄超过26周岁的女士官以及烈士子女、孤儿或者因战、因公、因病致残的士官，结婚满2年的，可以在配偶或者配偶父母户口所在地安置。

小李如果异地安置留在北京，必须符合两个条件，一是符合在驻地结婚的条件；二是结婚必须满两年。根据上述规定，小李结婚时是中级士官且超过28周岁，符合在驻地找对象结婚的条件。小李结婚已经三年了，也符合结婚满两年的条件，所以，小李可以异地安置留在北京。

● **法律依据**

《中华人民共和国退役士兵安置条例》第十一条第一款 退役士兵有下列情形之一的，可以易地安置：

（一）服现役期间父母户口所在地变更的，可以在父母现户口所在地安置；

（二）符合军队有关现役士兵结婚规定且结婚满2年的，可以在配偶或者配偶父母户口所在地安置；

（三）因其他特殊情况，由部队师（旅）级单位出具证明，经省级以上人民政府退役士兵安置工作主管部门批准异地安置的。

11. 自谋职业的退役士兵不回安置地报到可以吗？

● **案例简介**

在北京某部运输队服役的士兵小孔，在退役前，经朋友介绍认识了某公司总经理李某，李经理与小孔很投缘，听说小孔要退役，就想让小孔退役后到他们公司上班，给他当秘书兼司机，而且给的工资待遇也很高。李经理最近比较忙，正缺人手，想让小孔退役之后，直接到公司上班。小孔满口答应尽快到公司上班。可是，回到部队一问，部队负责士兵退役的干事说，小孔必须先回安置地报到，然后才能到公司上班。小孔想不通，他又不需要安置，属于自谋职业，为什么还要到安置地报到呢？请问：自谋职业的退役士兵不回安置地报到可以吗？

● **律师答疑**

不可以。退役士兵到安置地报到，不仅仅是是否安置和自谋职业的问题，还涉及退役士兵其他关系的转移接续。根据退役士兵安置条例的规定，退伍士兵回原籍安置的，须在30日内，持退伍手续到当地安置办公室报到，然后到武装部军事科办理预备役登记手续，退役士兵的户籍关系须重新接续。如果是党员或者团员的，党团关系也要在30日内转接到地方相应组织。如果是立过一、二等功的，还要将立功证提交。选择自谋职业的退役士兵，政府还发给一定数额的自谋职业金。所以，小孔虽然已经自谋职业找到工作，而且还是在北京，但是，根据上述各项规定的要求，小孔还必须先回安置地报到，然后，再回北京李经理的公司上班。否则，小孔的一切关系和手续都无法得到妥善安置和解决。

● **法律依据**

《退役士兵安置条例》第十三条第一款、第二款 自主就业的退役士兵应当自被批准退出现役之日起30日内,持退出现役证件、介绍信到安置地县级人民政府退役士兵安置工作主管部门报到。

安排工作的退役士兵应当在规定的时间内,持接收安置通知书、退出现役证件和介绍信到规定的安置地人民政府退役士兵安置工作主管部门报到。

第十四条 退役士兵所在部队应当按照国家档案管理的有关规定,在士兵退役时将其档案及时移交安置地县级以上人民政府退役士兵安置工作主管部门。

退役士兵安置工作主管部门应当于退役士兵报到时为其开具落户介绍信。公安机关凭退役士兵安置工作主管部门开具的落户介绍信,为退役士兵办理户口登记。

第十五条 自主就业和安排工作的退役士兵的档案,由安置地退役士兵安置工作主管部门按照国家档案管理有关规定办理。

12. 接收安置单位对安排工作的退役士兵，不按规定安排上岗该怎么办？

● **案例简介**

退役士官小陈，转业到地方某单位上班，小陈根据相关规定，到该单位报到，并且办理了就业手续，该单位人事部经理告知其回家等电话通知。可是，一个月过去了，该单位也未给小陈打电话告知具体就业岗位，小陈就到该单位找领导询问情况。该单位人事经理说，暂时没有合适的岗位，让小陈回家继续等待，他不同意，认为单位在有意推脱。因此发生争议，请问单位的做法对吗？

● **律师答疑**

单位的做法不正确。根据我国退役士兵安置的相关规定，如果非因退役士兵本人的原因，接收单位未按照规定安排退役士兵上岗的，应当每月支付该退役士兵生活费，生活费的标准不低于本单位同等条件人员平均工资的80%，支付期限自当地人民政府退役士兵安置工作主管部门开出介绍信的当月起至上岗时为止。首先，接收单位未及时安排小陈工作岗位是不正确的，应该尽快落实小陈的工作岗位。如果单位确实没有空缺岗位，也必须向小陈支付每个月的生活费，生活费不低于该单位人均工资标准的80%，直至给小陈安排正式工作岗位时为止。

● **法律依据**

《中华人民共和国退役士兵安置条例》第三十八条　非因退役士兵

本人原因，接收单位未按照规定安排退役士兵上岗的，应当从所在地人民政府退役士兵安置工作主管部门开出介绍信的当月起，按照不低于本单位同等条件人员平均工资80%的标准逐月发给退役士兵生活费至其上岗为止。

13. 退役士兵不服从政府安排工作的，会有什么后果？

● **案例简介**

北京某部退役士兵陈某，退役后，经多方协调安置到体育局工作，但是陈某对安置单位百般挑剔，提出种种借口不到该单位报到。请问如果陈某未在规定期限到分配单位报到，后果如何？

● **律师答疑**

如果转业军人不服从政府安排工作的，那么他将失去这次安置机会。今后，将像其他社会灵活就业人员一样，自谋职业，国家不再对其进行安置。

《退役士兵安置条例》规定，符合安排工作条件的退役士兵无正当理由拒不服从安置地人民政府安排工作的，视为放弃安排工作待遇。当前的就业形势职位较少，竞争激烈，在僧多粥少的局势下，各级政府和各用人单位也是尽最大努力克服困难，积极创造条件，为那些服役年限长、贡献大的退役士兵提供特殊优待安排工作岗位，保障他们的第一次就业。该项规定的宗旨是维护退役士兵正当权益。符合安排工作条件的退役士兵应当倍加珍惜这个荣誉和机会，服从政府安排。如果被安置人员不珍惜这样的机会，对于安置的职位无正当理由拒不服从的，视为放弃安排工作待遇，按社会灵活就业人员对待，不再进行就业安置。

● **法律依据**

《退役士兵安置条例》第四十条　符合安排工作条件的退役士兵无正当理由拒不服从安置地人民政府安排工作的，视为放弃安排工作待遇；在待安排工作期间被依法追究刑事责任的，取消其安排工作待遇。

14. 军人在服役期间立功受奖，在退伍之后享受哪些优惠待遇？

● **案例简介**

　　某部士官小李，在服役期间任班长，有一次，战士们训练后，全部靠在墙边树荫下休息，这时，墙外传来施工车辆的轰轰声，小李倾耳一听，感觉声音越来越近，就当机立断向战士们下达赶紧撤离墙体的命令，并连拉带拽把几个反应迟钝的战士拉开，就在战士们刚刚离开墙体的瞬间，墙突然倒塌，好险啊！小李也因反应较快，决断正确及时，在出现突发事件时，避免了人员伤亡事故，荣立二等功。

　　小李退伍后，带着荣立二等功的荣誉证书到当地民政机关报到。小李想了解一下，像他这样立过功的，在退伍后是否享受优惠待遇？可享受哪些优惠待遇？

● **律师答疑**

　　小李退伍后，在部队所立的二等功在安置工作和自谋职业时，都会享受到一定的优惠待遇。这项政策正是为鼓励士兵献身国防，积极进取，建功军营。所以一旦他们在部队服役期间表现出色，立功受奖，到了退役安置时享受优待、优先和照顾，也是顺理成章、理所当然的。《中华人民共和国兵役法》和《退伍义务兵安置条例》等法规政策在这方面都有明确规定。比如，农村义务兵荣获二等功以上奖励的，可以享受城镇退役士兵的安置政策；1级、2级士官荣获二等功以上奖励的可以做转业安置；在部队获得大军区以上单位授予的荣誉称号和立二等功以上的，安排工作时，应优先照顾；荣立二、三等功的自谋职业城镇退役士兵，参加高等教育考试可以加分。此外，各地也根据当地情况给予不同的优待，有的在档案考核时，根据立功受奖情况区别对待，有的在计算自谋职业补助金时也高于一般退役士兵，等等。

● **法律依据**

《中华人民共和国兵役法》第六十条第五款 服现役期间平时荣获二等功以上奖励或者战时荣获三等功以上奖励以及属于烈士子女和因战致残被评定为五级至八级残疾等级的义务兵退出现役，由安置地的县级以上地方人民政府安排工作；待安排工作期间由当地人民政府按照国家有关规定发给生活补助费；本人自愿选择自主就业的，依照本条第一款至第四款规定办理。

《中华人民共和国退役士兵安置条例》第十二条 退役士兵有下列情形之一的，根据本人申请，可以由省级以上人民政府退役士兵安置工作主管部门按照有利于退役士兵生活的原则确定其安置地：

（一）因战致残的；

（二）服现役期间平时荣获二等功以上奖励或者战时荣获三等功以上奖励的；

（三）是烈士子女的；

（四）父母双亡的。

第二十九条 退役士兵符合下列条件之一的，由人民政府安排工作：

（一）士官服现役满12年的；

（二）服现役期间平时荣获二等功以上奖励或者战时荣获三等功以上奖励的；

（三）因战致残被评定为5级至8级残疾等级的；

（四）是烈士子女的。

符合前款规定条件的退役士兵在艰苦地区和特殊岗位服现役的，优先安排工作；因精神障碍基本丧失工作能力的，予以妥善安置。

符合安排工作条件的退役士兵，退役时自愿选择自主就业的，依照本条例第三章第一节的规定办理。

15. 当兵十年退役后，接收安置单位设置试用期是否合法？

● **案例简介**

城镇退役士兵小谢是兵龄超过10年的志愿兵，2013年2月被安置到某公用事业单位上班。按照该单位规章制度的规定，新进劳动者包括指令性安置的退伍士兵，应当与大中专毕业生一样首先签订1年的劳动合同，实行2个月的试用期。试用期满合格的继续留用，享受正式职工待遇，不合格的解除劳动合同。小谢觉得单位的做法欠妥，但是又不知道具体法律规定是什么，请问该单位的做法是否符合法律法规的规定呢？

● **律师答疑**

该单位的做法是错误的，与劳动合同法律法规和国家的政策相违背。具体违背的事项如下：

（1）该单位与小谢签订一年期限劳动合同违反法律法规的规定，应当签订无固定期限劳动合同。

根据国务院、中央军委《关于退伍义务兵安置工作随用人单位改革实行劳动合同制度的意见》，军队退伍、复员、转业军人的军龄计算为接收安置单位的连续工龄。《劳动合同法》第14条规定，劳动者在该用人单位连续工作满10年的，用人单位应当与劳动者订立无固定期限劳动合同。小谢在部队服役10年，视为其实际工龄，因此，用人单位应当与小谢签订无固定期限劳动合同，单位规定签订1年劳动合同的规章制度是违法的。

（2）单位关于试用期的规定单位不应当对小谢规定试用期，应当直接按照正式员工对待。

小谢在部队服役10年，视为实际工作十年，其工龄应当连续计算，虽然小谢刚从部队复员，到了新的工作岗位，但是该接收单位也不能再设定试用期。

国务院办公厅、中央军委办公厅《关于志愿兵、义务兵退出现役到地方工作后工资待遇问题的通知》第3条对此有明确规定，志愿兵转业、义务兵退伍后，无论分配到何单位、从事何种工作，均不实行学徒期、熟练期、试用期的待遇，直接按上述规定确定工资。

● **法律依据**

《关于退伍义务兵安置工作随用人单位改革实行劳动合同制度的意见》：

三、在签订合同、培训等方面给予优待。分配到实行全员劳动合同制企事业单位的退伍义务兵，与用工单位签订无固定期限劳动合同。如退伍义务兵自愿签订有期限合同，则应当允许。在合同期内，用工单位不得随意辞退。鉴于义务兵在部队服役几年，退伍后转换职业需要有一个适应过程，因此应给予一年以上熟悉业务、技术的时间。在此期间内，接收单位不得以优化劳动组合为由使其离岗，应组织他们进行技术培训，提高他们的劳动技能；退伍义务兵的工资、福利和其他待遇不得低于他们入伍时参加工作的同工龄、同工种职工的平均水平；退伍义务兵自愿终止合同或合同期满后需要再就业时，劳动部门在同等条件下，应优先介绍就业。

五、妥善解决养老、待业保险、住房等待遇。退伍义务兵的军龄连同待分配时间应一并计算为所在单位的连续工龄和待业、养老保险投保年限，并在工资、住房和其他方面享受同工龄、同工种职工待遇。

《关于志愿兵、义务兵退出现役到地方工作后工资待遇问题的通知》第3条　志愿兵转业、义务兵退伍后，无论分配到何单位、从事何种工作，均不实行学徒期、熟练期、试用期的待遇，直接按上述规定确定工资。

16. 自谋职业的退役士兵能否参加事业单位面向社会的招聘？

● **案例简介**

小王退伍前在北京服役，退役后部队安排其转业到某地方，北京一直以来都是小王梦想的地方，也希望能够在北京发展一番自己的事业，最后选择了自谋职业，留在了北京。在其工作期间，得知某事业单位面向社会招聘一名工作人员，小王不知道自己是否可以参加事业单位的招聘，对于自谋职业的退役士兵有什么样的政策？

● **律师答疑**

可以，并且在同等条件下用人单位应当优先聘用自谋职业的退役士兵。

各级行政机关在考录公务员时，应支持、鼓励符合报考条件的自谋职业城镇退役士兵参加考试，服役期视为具有社会实践的年限，同等条件下优先录用退役士兵。

● **法律依据**

《退役士兵安置条例》第三十四条　国家机关、事业单位、国有以及国有控股和国有资本占主导地位的企业招收录用或者聘用人员的，应当在同等条件下优先招收录用或者聘用退役士兵。

17. 城镇士兵退役后从事个体户经营，享有哪些优惠政策？

● **案例简介**

某部城镇退役士兵小李，在北京某部队服役期间学习理发技术，退役后回到户籍所在地江苏丰县，不想通过安置就业，想利用自己的一技之长从事个体经营，开个理发店，不知有何优惠政策？

● **律师答疑**

小李以在部队所学一技之长从事个体工商户经营，开个理发店在税收、工商管理和贷款政策等方面都有优惠政策。相关政策规定如下：

一、关于税收优惠

对自谋职业的城镇退役士兵从事个体经营（除建筑业、娱乐业以及广告业、桑拿、按摩、网吧、氧吧外）的，自领取税务登记证之日起，3年内免征营业税、城市维护建设税、教育费附加和个人所得税。

二、关于工商管理优惠

自谋职业城镇退役士兵从事个体经营的，除国家限制的行业（包括建筑业、娱乐业以及广告业、桑拿、按摩、网吧、氧吧等）外，自工商部门批准其经营之日起，凭《城镇退役士兵自谋职业证》，3年内免交工商部门收取的个体工商户注册登记费（包括登记、变更登记）、个体工商户管理费、集贸市场管理费、经济合同示范文本工本费。

三、关于银行贷款优惠

自谋职业的城镇退役士兵从事个体经营或创办经济实体，经营资金不足时，可持《城镇退役士兵自谋职业证》向商业银行申请贷款。符合贷款条件的，商业银行应优先予以信贷支持。

四、关于社会保险优惠

按照国家有关规定参加职工基本养老保险，服现役年限视同职工基本养老保险缴费年限，并与实际缴费年限合并计算。

● **法律依据**

《退役士兵安置条例》第二十三条 对从事个体经营的退役士兵，按照国家规定给予税收优惠，给予小额担保贷款扶持，从事微利项目的给予财政贴息。除国家限制行业外，自其在工商行政管理部门首次注册登记之日起3年内，免收管理类、登记类和证照类的行政事业性收费。

第四十六条 退役士兵到城镇企业就业或者在城镇从事个体经营、以灵活方式就业的，按照国家有关规定参加职工基本养老保险，服现役年限视同职工基本养老保险缴费年限，并与实际缴费年限合并计算。退役士兵回农村的，按照国家有关规定参加新型农村社会养老保险。

退役士兵在服现役期间建立的军人退役养老保险与其退役后参加基本养老保险的关系接续，由军队的军人保险管理部门和安置地社会保险经办机构按照国家有关规定办理。

退役士兵服现役年限视同职工基本养老保险缴费年限的养老保险待遇计发办法，按照国家有关规定执行。

《关于扶持城镇退役士兵自谋职业优惠政策的意见》（国办发[2004]10号）：

四、个体经营

（七）自谋职业城镇退役士兵从事个体经营的，除国家限制的行业（包括建筑业、娱乐业以及广告业、桑拿、按摩、网吧、氧吧等）外，自工商部门批准其经营之日起，凭《城镇退役士兵自谋职业证》3年内免交下列费用：

（1）工商部门收取的个体工商户注册登记费（包括开业登记、变更登记）、个体工商户管理费、集贸市场管理费、经济合同示范文本工本费。

（2）卫生部门收取的民办医疗机构管理费。

（3）劳动保障部门收取的劳动合同鉴证费。

（4）各省、自治区、直辖市人民政府及其财政、价格主管部门批准设立的涉及个体经营的登记类和管理类收费项目。

（5）其他有关登记类、管理类的收费项目。

五、税收

（十）对自谋职业的城镇退役士兵从事个体经营（除建筑业、娱乐业以及广告业、桑拿、按摩、网吧、氧吧外）的，自领取税务登记证之日起，3年内免征营业税、城市维护建设税、教育费附加和个人所得税。

……

六、贷款

（十三）自谋职业的城镇退役士兵从事个体经营或创办经济实体，经营资金不足时，可持《城镇退役士兵自谋职业证》向商业银行申请贷款。符合贷款条件的，商业银行应优先予以信贷支持。

18. 为了安置退役城镇士兵，对新创办的企业在税收上有无优惠政策？

● **案例简介**

20世纪90年代河北的退伍老兵李某，退伍后，分配到某副食品公司上班，后因为公司经营不善倒闭了，他也下岗了。下岗后，他的心情很失落，后来随着南下大潮，到广东创业打拼，通过辛苦经营，积累了一定资金，很想回家创业，特别是为像他一样退伍的军人提供就业机会。李某很想了解一下，国家关于接收安置退伍军人的企业有何优惠政策？

● **律师答疑**

根据《退役士兵安置条例》的相关规定，为安置自谋职业城镇退役士兵而新创办的企业，根据企业类型不同，分为两种不同的情况，政策也相应有所不同。

第一种情况：为安置自谋职业的城镇退役士兵而新创办的除广告业、桑拿、按摩、网吧、氧吧之外的服务型企业。经民政部门和税务机关审核认定以下事实情况后，享受的优惠政策为：

（1）在创设当年安置自谋职业的城镇退役士兵达到职工总数的30%以上，并与该士兵签订一年以上期限劳动合同的，3年内免征营业税及其附征的城市维护建设税、教育附加费和企业所得税，等等。

（2）如果当年安置退役城镇士兵不足30%的，但与其签订劳动合同期限为一年以上的，3年内可安置计算的减征比例减征企业所得税。减征比例为企业当年新招用自谋职业城镇退役士兵人数除以企业职工总数乘以100%再乘以二。

第二种情况：为安置自谋职业的城镇退役士兵而新创办的商贸型企

业，除从事批发、批零兼营及其他非零售业务的商贸企业外。经民政部门和税务机关审核认定以下事实情况后，享受的优惠政策为：

（1）在创设当年安置自谋职业的城镇退役士兵达到职工总数的30%以上，并与该士兵签订一年以上期限劳动合同的，3年内免征城市维护建设税、教育附加费和企业所得税，等等。

（2）如果该企业当年安置退役城镇士兵不足30%的，但与退役军人签订劳动合同期限为一年以上的，3年内可安置计算的减征比例减征企业所得税。减征比例为企业当年新招用自谋职业城镇退役士兵人数除以企业职工总数乘以100%再乘以二。

从上述各项优惠政策来看，老李可以根据他从事的行业类型创办相关企业，他的企业安置的退伍军人越多，享受的优惠政策越多。国家鼓励退伍军人自主创业、自谋职业，同时也鼓励社会力量解决退伍军人的就业问题，为退伍军人从军营走向社会提供更多更好的机会。

● **法律依据**

《中华人民共和国兵役法》第五十四条　国家建立、健全以扶持就业为主，自主就业、安排工作、退休、供养以及继续完成学业等多种方式相结合的士兵退出现役安置制度。

《退役士兵安置条例》第二十四条　国家鼓励用人单位招收录用或者聘用自主就业的退役士兵，用人单位招收录用或者聘用自主就业退役士兵符合规定条件的，依法享受税收等优惠。

《关于扶持城镇退役士兵自谋职业优惠政策的意见》：

五、税收

（八）为安置自谋职业的城镇退役士兵就业而新办的服务型企业（除广告业、桑拿、按摩、网吧、氧吧外）当年新安置自谋职业的城镇退役士兵达到职工总数30%以上，并与其签订1年以上期限劳动合同的，经县级以上民政部门认定，税务机关审核，3年内免征营业税及其附征的城市维护建设税、教育费附加和企业所得税。

上述企业当年新安置自谋职业的城镇退役士兵不足职工总数30%，但与其签订1年以上期限劳动合同的，经县级以上民政部门认定，税务机关审核，3年内可按计算的减征比例减征企业所得税。减征比例＝（企业当年新招用自谋职业的城镇退役士兵÷企业职工总数×100%）×2。

（九）为安置自谋职业的城镇退役士兵就业而新办的商贸企业（从事批发、批零兼营以及其他非零售业务的商贸企业除外），当年新安置自谋职业的城镇退役士兵达到职工总数30%以上，并与其签订1年以上期限劳动合同的，经县级以上民政部门认定，税务机关审核，3年内免征城市维护建设税、教育费附加和企业所得税。

上述企业当年新安置自谋职业的城镇退役士兵不足职工总数30%，但与其签订1年以上期限劳动合同的，经县级以上民政部门认定，税务机关审核，3年内可按计算的减征比例减征企业所得税。减征比例＝（企业当年新招用的自谋职业的城镇退役士兵÷企业职工总数×100%）×2。

（十）对自谋职业的城镇退役士兵从事个体经营（除建筑业、娱乐业以及广告业、桑拿、按摩、网吧、氧吧外）的，自领取税务登记证之日起，3年内免征营业税、城市维护建设税、教育费附加和个人所得税。

（十一）本意见所称新办企业是指本意见印发后新组建的企业。原有的企业合并、分立、改制、改组、扩建、搬迁、转产以及吸收新成员、改变领导或隶属关系、改变企业名称的，不能视为新办企业。

本意见所称服务型企业是指从事现行营业税"服务业"税目规定的经营活动的企业。

19. 因公伤残士兵退役后，在企事业等单位工作，能够享受哪些待遇？

● **案例简介**

某武警部队士兵小刘，在一次执行公务时，因公受伤，经抢救治疗后仍然落下残疾，经所在部队为其进行伤残鉴定，伤残等级为七级。小刘面临退役，他想了解在地方企事业单位就业后，是否可以享受特殊待遇？

● **律师答疑**

伤残士兵在退役后，无论是在企业还是事业单位就业，在医疗、就业、福利和工伤等方面都享受一定的待遇。具体如下：

一、与单位其他职工在生活福利和医疗待遇方面享受同等待遇；

二、单位不能以其残疾为由将其解雇或者辞退；

三、如果伤残退役士兵在工作期间，伤口复发治疗期间，享受医疗待遇；

四、旧伤复发住院治疗期间的工资发放、调整和福利待遇，与所在单位工（公）伤待遇一致；

五、旧伤复发住院期间的伙食补助费单位予以支付，如果因病情需要，经单位批准需要到外地就医的，还给予交通、住宿等相关补助费用。

六、如果经劳动鉴定委员会鉴定符合因工（公）伤残人员退休条件的，可以按照规定办理退休手续，并享受因工（公）伤残退休待遇。

七、如果因旧伤复发导致死亡的，享受所在单位因工（公）死亡待遇。

● **法律依据**

《军人抚恤优待条例》第三十四条 国家对一级至六级残疾军人的医疗费用按照规定予以保障,由所在医疗保险统筹地区社会保险经办机构单独列账管理。具体办法由国务院民政部门会同国务院劳动保障部门、财政部门规定。

七级至十级残疾军人旧伤复发的医疗费用,已经参加工伤保险的,由工伤保险基金支付,未参加工伤保险,有工作的由工作单位解决,没有工作的由当地县级以上地方人民政府负责解决;七级至十级残疾军人旧伤复发以外的医疗费用,未参加医疗保险且本人支付有困难的,由当地县级以上地方人民政府酌情给予补助。

残疾军人、复员军人、带病回乡退伍军人以及因公牺牲军人遗属、病故军人遗属享受医疗优惠待遇。具体办法由省、自治区、直辖市人民政府规定。

中央财政对抚恤优待对象人数较多的困难地区给予适当补助,用于帮助解决抚恤优待对象的医疗费用困难问题。

第三十五条 在国家机关、社会团体、企业事业单位工作的残疾军人,享受与所在单位工伤人员同等的生活福利和医疗待遇。所在单位不得因其残疾将其辞退、解聘或者解除劳动关系。

《工伤保险条例》第十五条 职工有下列情形之一的,视同工伤:

(一)在工作时间和工作岗位,突发疾病死亡或者在48小时之内经抢救无效死亡的;

(二)在抢险救灾等维护国家利益、公共利益活动中受到伤害的;

……

(三)职工原在军队服役,因战、因公负伤致残,已取得革命伤残军人证,到用人单位后旧伤复发的。……

职工有前款第(一)项、第(二)项情形的,按照本条例的有关规定享受工伤保险待遇;职工有前款第(三)项情形的,按照本条例的有关规定享受除一次性伤残补助金以外的工伤保险待遇。

民政部、人事部、劳动部《关于在国家机关、企事业单位工作的因战因公伤残军人享受所在单位因公（工）伤残人员的保险福利待遇的通知》：

一、在国家机关、企事业单位工作的因战因公伤残军人（含离退休的伤残军人，下同），伤口复发治疗期间，按所在单位因公（工）伤残人员医疗待遇保证治疗，不应采取医药费包干的办法；其工资（离退休费）发放、工资（离退休费）调整和福利待遇，也按所在单位因公（工）伤残人员治疗期间的待遇办理。

二、在国家机关、企事业单位工作的因战因公伤残军人，伤口复发住院期间，由所在单位按因公（工）伤残人员住院规定的伙食费补助标准予以补助。经组织批准，到外地医疗和安装假肢的，其医疗、伙食、住宿、交通等费用，按所在单位因公（工）伤残人员待遇规定办理。

三、在国家机关、企事业单位工作的因战因公伤残军人，经医院证明（在企业工作的，还需经劳动鉴定委员会确认），伤残情况符合因公（工）伤残人员退休条件的，按规定办理退休手续，并享受因公（工）伤残退休待遇。

四、在国家机关、企事业单位工作的因战因公伤残军人，因伤口复发死亡，由所在单位按对因公（工）死亡人员待遇的有关规定办理。

20. 军人的抚恤金能作为遗产继承吗？

● **案例简介**

某部战士小刘在执行任务时，因公牺牲，相关部门为其家属发放了抚恤金，小刘的父母和小刘的妻子因为抚恤金的分配发生争议。小刘的妻子认为抚恤金应该作为她和小刘的夫妻共同财产来分，先分出一半给她，剩下的一半为小刘的遗产，分成四份，她和孩子及小刘的父母各一份，但小刘的父母不同意，因此发生争议。请问抚恤金能作为遗产继承吗？

● **律师答疑**

抚恤金不能作为遗产来分。依照我国兵役法的规定，现役军人牺牲、病故，应由国家一次性发给家属一笔抚恤金，其家属无劳动能力或者无固定收入不能维持生活的再由国家定期发给抚恤金。根据上述法律规定，首先，抚恤金不是军人的个人财产，是在其死亡后，由国家发放的；其次，享受抚恤金的主体不是军人本人，而是军人的家属。我国继承法规定，遗产是公民死亡时遗留的个人合法财产。小刘家属享受的抚恤金是小刘死亡后由国家发放的，并不是小刘生前的个人合法财产，因此，抚恤金不是遗产。关于小刘的家属对于抚恤金的分配，司法实践当中一般考虑与军人共同生活的家属适当多分的原则进行处理，小刘的妻子和孩子可以适当多分。小刘的妻子主张抚恤金是夫妻共同财产，拿出一半作为遗产进行分配的想法是错误的。

● **法律依据**

《中华人民共和国兵役法》第五十九条 现役军人牺牲、病故，由国家发给其遗属一次性抚恤金；其遗属无固定收入，不能维持生活，或者符合国家规定的其他条件的，由国家另行发给定期抚恤金。

《中华人民共和国继承法》第三条 遗产是公民死亡时遗留的个人合法财产，包括：

（一）公民的收入；

（二）公民的房屋、储蓄和生活用品；

（三）公民的林木、牲畜和家禽；

（四）公民的文物、图书资料；

（五）法律允许公民所有的生产资料；

（六）公民的著作权、专利权中的财产权利；

（七）公民的其他合法财产。

第二篇
预防犯罪篇

1. 醉酒后犯罪能否从轻处罚？

● **案例简介**

2008年3月18日晚，某部军官侯某邀请被害人李某到其家中喝酒至深夜（二人喝白酒二斤，还有些许啤酒），酒后侯某送李某回家。在回家的路上李某口无遮拦数落着侯某，并翻出了侯某曾爬女澡堂窥视女兵洗澡的丢人事，侯某越听越生气，当行至李某家大门口时，侯某终于忍无可忍，与李某扭打起来。李某身高一米六五，受不了身强力壮个子一米八的侯某打击，侯某三拳两脚就将李某打倒在地，并顺手捡起一块砖头对着躺在地上的李某的头部砸了几下，然后扬长而去。次日凌晨6时许，李某被邻居发现后通知了家人，此时的李某已经全身僵硬，毫无生命迹象，旁边的一摊血也早已凝固，现场惨不忍睹。那么对于侯某这种在醉酒后实施的犯罪，其能否以醉酒后失去理智或控制能力，而得到从轻处罚呢？

● **律师答疑**

本案中侯某的行为已经构成故意杀人罪且不能从轻处罚。虽然侯某的犯罪行为是在酒后所实施，但根据我国《刑法》第十八条第四款规定："醉酒的人犯罪，应当负刑事责任。"因此，对醉酒犯罪从轻处罚缺乏法律依据，军人也不例外。醉酒的人辨认、控制能力虽然有所减弱，但醉酒是一种自陷行为，不宜作为酌情从轻处罚情节考虑。军人酗酒，不仅使部队纪律涣散，斗志松懈，影响作战训练等各项任务的完成，影响军队声誉和军人形象，还会引发违纪违法甚至犯罪。军人应认真吸取一些人因酗酒而走上犯罪道路的教训，严格遵守军队条令关于严禁酗酒的规定。

● **法律依据**

《中华人民共和国刑法》第十八条第四款　醉酒的人犯罪，应当负刑事责任。

2. 军人在执行任务中能否实行紧急避险？

● **案例简介**

某部驾驶员王某是大家公认的优秀驾驶员，他连续5年安全行车无事故，多次受到部队领导的好评。一年一度的老兵复员工作又开始了，部队领导将运输复员老兵的这一光荣任务交给了王某。这天，王某驾驶一辆军用卡车，运送复员战士去火车站，当行至一路口时，突然从军车的右前侧冲出一辆高速行驶的小轿车。驾驶员王某为躲避与失控汽车相撞，急忙向左打方向盘，将车开到人行道上，造成撞伤一人的后果，但是避免了两车相撞、车毁人亡的重大交通事故。请问王某的行为是否属于紧急避险？

● **律师答疑**

王某的行为属于紧急避险。

紧急避险是指为了使国家、公共利益、本人或者他人的人身、财产和其他权利免受正在发生的危险，不得已采取的紧急避险行为，造成损害的，不负刑事责任。

紧急避险的本质是避免现实危险，保护较大合法权益。紧急避险必须满足以下要件：（一）必须有威胁合法利益的危险发生。（二）必须是危险正在发生。（三）必须是为了使合法利益免受正在发生的危险。（四）避险的对象必须是无辜的第三者。（五）避险行为只能是在不得已的情况下实施。（六）避险行为不能超过必要限度造成不应有的损害。

根据刑法的规定，为了避免本人危险而采取紧急避险的行为，不能适用于职务上、业务上负有特定责任的人，也就是说对正在发生的危险负有特定职责的人，不能为了使自己避免这种危险而采取紧急避险的行为。这里所说的"职务上、业务上负有特定责任"是指担任的职务或者从事的业务要求其对一定的危险负有排除的职责，同一定危险作斗争是其职业义务，包括消防队员、医生、护士、船长、海员、民航驾驶员、防汛员、警卫员、警察等的职业义务。

除了职务上、业务上负有特定责任的情况外，军人在执行施工、训练等非特定责任的任务时，可以实施紧急避险，但应在避险中尽量采取适当的方法，并要掌握好因避险而造成其他损害的程度。

● **法律依据**

《中华人民共和国刑法》第二十一条　为了使国家、公共利益、本人或者他人的人身、财产和其他权利免受正在发生的危险，不得已采取的紧急避险行为，造成损害的，不负刑事责任。紧急避险超过必要限度造成不应有的损害的，应当负刑事责任，但是应当减轻或者免除处罚。

3. 后动手的就是正当防卫吗？

● **案例简介**

战士小张与小王是同年兵，又是一个排的战友。一天，因小事发生口角，双方谁也不服谁，便约好晚饭后在连队附近的操场上"比武"。"比武"中小王先一拳打在小张的鼻子上，小张看见自己的鼻子流血不止，顿时怒火大发，顺手从口袋里掏出预先准备好的电工刀朝小王腹部猛刺，伤及胃部，造成大出血。后小王虽经医院抢救治疗，但已经落下终身残疾。军事检察院以故意伤害罪将小张批准逮捕。小张不服，理直气壮地说："我是后动手的，属正当防卫，你们凭什么逮捕我。"小张的行为真的是正当防卫吗？

● **律师答疑**

小张的行为不属于正当防卫。我国《刑法》第二十条规定，正当防卫是指为了使国家、公共利益、本人或者他人的人身、财产和其他权利免受正在进行的不法侵害，对不法侵害人所采取的制止不法侵害的行为。实施正当防卫必须同时具备五个要件，即必须有不法侵害行为发生；必须是正在进行的不法侵害；必须是为了保护国家、公共利益、本人或者他人的人身、财产和其他权利免受正在进行的不法侵害；必须是对实施不法侵害人本人实施防卫行为；不能超过必要的限度。正当防卫是一种排除犯罪性的行为，是我们军人同违法犯罪作斗争的有力武器，也是我们依法享有的合法权利。但是如果使用不当，也可能引发犯罪。

在本案中，战士小张和小王约定"比武"，属于打架斗殴行为。不管是先动手还是后动手，双方均属不法行为，都有侵害对方的意图，都不是在符合法律条件下被迫进行的反击，不是正当防卫。因此，小张虽然是后动手，但不属于正当防卫，已经构成了故意伤害犯罪。

在日常生活中，还应注意可能由于错误理解正当防卫而引起的犯罪，主要有以下几种情形：

(1) 对合法行为实行的防卫。例如，对依法执行公务、执行命令的行为，公民或司法工作人员追捕、扭送正在进行犯罪的犯罪嫌疑人或者被通缉的犯罪嫌疑人的行为，如果对合法行为实行防卫，就有可能构成犯罪。

(2) 假想防卫和防卫不适时。正当防卫只能针对正在进行的不法侵害行为。正在进行是指不法侵害实际存在，不是主观想象或推测出来的，否则构成假想防卫。也不能在侵害行为尚未开始或者已经结束或者侵害人自动中止的情况下实施防卫，否则，属于防卫不适时，不属于正当防卫。

(3) 防卫挑拨和打架斗殴。正当防卫必须是出于"为了保护国家、公共利益、本人或他人的人身、财产和其他权利免受正在进行的不法侵害"这一防卫意图。如果不是出于正当的防卫意图，而是故意挑逗对方向自己进攻，然后借口防卫，以达到伤害对方之目的，这是基于蓄意侵害他人的意图而实施的侵害他人的行为，是防卫挑拨，而不是正当防卫。另外，在打架斗殴中，不管是先动手还是后动手，双方均属不法行为，都有侵害对方的意图，都不是在符合法律条件下被迫进行的反击，不是正当防卫。

(4) 防卫对象错误。正当防卫只能针对实施不法侵害者本人，不能对没有实施侵害行为的第三人来实行，包括未实施侵害的不法侵害者亲属。如果对没有实施侵害行为的第三人实行了防卫行为，那不是正当防卫，而是防卫对象错误。由此给第三人造成伤害，也可能构成犯罪。

(5) 防卫过当。正当防卫不能超过必要的限度，如果超过必要的限度而造成重大损害的，就是防卫过当，应当负刑事责任，但应当减轻或者免除处罚。但是，刑法第20条第3款中规定，对正在进行的严重危及人身安全的暴力犯罪行为作斗争，任何公民都有实行无限防卫的权利。也就是说对于严重暴力犯罪不存在防卫过当。

● **法律依据**

《中华人民共和国刑法》第二十条　为了使国家、公共利益、本人或者他人的人身、财产和其他权利免受正在进行的不法侵害，而采取的制止不法侵害的行为，对不法侵害人造成损害的，属于正当防卫，不负刑事责任。

正当防卫明显超过必要限度造成重大损害的，应当负刑事责任，但是应当减轻或者免除处罚。

对正在进行行凶、杀人、抢劫、强奸、绑架以及其他严重危及人身安全的暴力犯罪，采取防卫行为，造成不法侵害人伤亡的，不属于防卫过当，不负刑事责任。

4. 犯罪后躲过几年后就不会被判刑了吗？

● **案例简介**

战士小刘的表哥王某在当地人称"小霸王"，王某初中毕业后没有工作，整天跟着街上的一帮混混游手好闲、惹事生非。一天，在当地的一个小网吧里，王某因为在玩网游时，不但大喊大叫，还手舞足蹈地比画着，影响旁边的人正常上网。这时，旁边的张某实在是忍无可忍就善意提醒了王某一下，让其注意公共场合的秩序。王某听后顿时火冒三丈，抡起桌上的键盘就向张某砸去，造成张某鼻梁骨粉碎性骨折，后王某逃之夭夭，经法医鉴定张某的伤情构成了轻伤，公安机关也介入并立案侦查，但直到两年后的一天王某才被抓获。王某已经逃跑了2年多，还会被判刑吗？

● **律师答疑**

犯罪后躲几年会不会被判刑，涉及刑罚的追诉时效问题。追诉时效指刑法规定的司法机关追究犯罪人刑事责任的有效期限。犯罪已过法定追诉时效期限的，不再追究犯罪分子的刑事责任；已经追究的，应当撤销案件，或者不予起诉，或者宣告无罪。

依据《刑法》的规定，结合王某的涉案财产价值量刑应为3年以下有期徒刑，本案尚未超过5年的追诉时效，也就是说应依法追究刘某的刑事责任。

● **法律依据**

《中华人民共和国刑法》第八十七条　犯罪经过下列期限不再

追诉：

①法定最高刑为不满五年有期徒刑的，经过五年。②法定最高刑为五年以上不满十年有期徒刑的，经过十年。③法定最高刑为十年以上有期徒刑的，经过十五年。④法定最高刑为无期徒刑、死刑的，经过二十年。如果二十年后认为必须追诉的，须报请最高人民检察院核准。

5. 不满十八周岁的军人犯罪是否会被判刑?

● **案例简介**

某部战士张某,高中毕业未考上大学在家待业,当年部队在张某家乡征兵时,张某通过其在当地武装部的亲戚了解到,国家虽然规定年满18周岁的公民应当依法服兵役,但如果是高中毕业,年龄可以放宽到17周岁,因此张某向接兵人员说明了自己的情况,并通过关系找了找人,顺利应征到某部服役。入伍半年后,张某在一次请假外出期间与地方青年发生口角,并相互殴打,致使地方人员轻伤害。张某未满18周岁,是否要承担刑事责任?

● **律师答疑**

本案中,张某是否承担刑事责任,关键要看是否达到刑事责任年龄。刑事责任年龄是指法律规定行为人对自己的犯罪行为负刑事责任必须达到的年龄。我国的刑法将刑事责任年龄划分为三个阶段,一是已满十六周岁的人犯罪,应当负刑事责任,为完全负刑事责任年龄阶段;二是已满十四周岁不满十六周岁的人,犯刑法规定的八类罪的,应当负刑事责任,为相对负刑事责任年龄;三是不满十四周岁的人不管实施何种危害社会的行为,都不负刑事责任,为完全不负刑事责任年龄。本案中,张某在实施伤害行为是已经年满16周岁,为完全负刑事责任年龄,应承担刑事责任。

● **法律依据**

《中华人民共和国刑法》第十七条 已满十六周岁的人犯罪,应当负刑事责任。

已满十四周岁不满十六周岁的人,犯故意杀人、故意伤害致人重伤或者死亡、强奸、抢劫、贩卖毒品、放火、爆炸、投毒罪的,应当负刑事责任。

已满十四周岁不满十八周岁的人犯罪,应当从轻或者减轻处罚。

因不满十六周岁不予刑事处罚的,责令他的家长或者监护人加以管教;在必要的时候,也可以由政府收容教养。

6. 军人丢失涉密文件是否会被追究刑事责任？

● **案例简介**

某部干部王某受单位的指派，前往军区向上级报送年度军事实力统计报表。王某将实力统计报表打印两份，并制作了统计数据光盘两张，放在公文包内。在王某乘坐公共汽车时，公文包被小偷偷走。后小偷将装有标志为绝密的报表和光盘出售给外国间谍组织。经有关部门鉴定，该实力报表和光盘均属绝密。王某的行为是否会被追究刑事责任？

● **律师答疑**

军人泄露军事秘密，是一种严重违反军人职责的行为。

王某的行为构成过失泄露军事秘密罪。过失泄露军事秘密的行为有多种多样，既有忽视保密规定从口中不慎说出的，也有管理不严造成文件遗失的；既有违反规定将装有秘密的相关载体带到公共场所丢失的，也有没有尽到责任被其他人盗取的。总之，只要是疏忽大意或轻信能够避免从而造成军事秘密特别是绝密级的军事秘密泄露，都应当受到一定的处罚。根据解放军总政治部《关于军人违反职责罪案件立案标准的规定（试行）》的规定，泄露绝密级军事秘密的，泄露机密级军事秘密三项以上的，泄露秘密级军事秘密三项以上、造成严重危害后果的，机要、保密人员或者其他负有特殊保密义务的人员泄密的，泄露军事秘密或者遗失军事秘密载体，不如实提供有关情况的，或者未及时采取补救措施等行为，均应受到刑罚的处罚。本案中，王某没有保证军事秘密的安全，造成绝密级秘密被人偷盗，造成该项军事秘密被外国间谍组织获取，应以过失泄露军事秘密罪定罪处罚。

● **法律依据**

《中华人民共和国刑法》第四百三十二条 违反保守国家秘密法规，故意或者过失泄露军事秘密，情节严重的，处五年以下有期徒刑或者拘役；情节特别严重的，处五年以上十年以下有期徒刑。

战时犯前款罪的，处五年以上十年以下有期徒刑；情节特别严重的，处十年以上有期徒刑或者无期徒刑。

7. 军人私自离队，是否构成犯罪?

● 案例简介

战士小王来自沿海某城市，家境比较富裕，又是家中的独生子，父母从小就娇生惯养。小王高中毕业后没有考上大学，也没有工作，就一直在社会上游手好闲、不务正业。父母为小王操透了心，但又拿他没办法。后来，在亲戚的建议下，小王父亲让小王报名参军，小王抱着对部队的好奇心，于是就欣然接受父亲的建议并报了名。经过体检、政审等程序，小王成为了某部的一名新兵。可是，小王到了部队新兵连后，面对高强度的训练和直线加方块的生活，还没多长时间，小王的新鲜劲就没了，于是就打起退堂鼓，开始谋划逃离部队。一天晚上，小王与战友站大门岗，他利用战友上厕所之机，逃出了营区。部队和小王的家人经过两个多月后才将小王找到并押回了部队。

● 律师答疑

本案中小王利用站岗的时机逃离部队，其行为是私自离队的行为，其行为后果将根据平时与战时的不同，以及情节严重的程度来进行区分和处罚。

私自离队，是指军人未经组织、领导批准，擅自离开部队的行为。通常情况下，一般的私自离队属于违纪违法行为，尚不构成犯罪的，组织上可以视其情节轻重，给予批评教育、纪律处分或劳动教养。但在情节严重时，可构成逃离部队罪。"情节严重"是指携带武器或驾驶车、船逃离的；携带公款逃离的；煽动他人逃离的；多次逃离的；虽不是多次逃离，但一次逃离时间较长的，等等。根据2000年9月28日最高人民法院、最高人民检察院《关于对军人非战时逃离部队的行为能否定罪处罚问题的批复》的规定，军人违反兵役法规，在非战时逃离部队，情节严重的，应以本罪定罪处罚。

逃离部队罪的量刑要素是情节严重。这里的情节严重，参照《立案标准》的规定，是指具有下列情形之一的：①逃离部队持续时间达三个月以上或者累计时间达六个月以上的；②担负重要职责的人员逃离部队的；③策动三人以上或者胁迫他人逃离部队的；④在执行重要任务期间逃离部队的；⑤有其他情节严重行为的。据此，小刘的行为尚不构成逃离部队罪情节严重的程度，但已经严重违反部队的条令条例，应依据军队《纪律条令》的相关规定给予相应的处罚。由于违反兵役法规，逃离部队将造成部队的非战斗减员，影响部队的实力，更重要的是涣散军心，影响部队战斗力，影响我军的军事利益。因此，法律将情节严重的逃离部队行为规定为犯罪。战时构成此罪的，从重处罚。

● **法律依据**

《中华人民共和国刑法》第四百三十五条　违反兵役法规，逃离部队，情节严重的，处三年以下有期徒刑或者拘役；战时犯逃离部队罪的，处三年以上七年以下有期徒刑。

8. 在恋爱期间，强行与女方发生性行为是不是犯罪？

● 案例简介

某部队士兵陈某于2008年2月在网络上认识了陆某，不久后双方便确立了恋爱关系。同年6月的某天，陈某下午下班后去陆某宿舍找陆某玩，说说笑笑一阵后，陈某见宿舍没其他人，便要求与陆某发生性关系。陆某刚开始坚决不同意，后来在陈某的怂恿下，被迫与其发生了性关系。第二天，陆某感觉很委屈，把事情告诉了同宿舍的同事王某，在王某的劝导下，陆某与王某一起去当地派出所报了案，说陈某昨晚强奸了陆某。警察当即前往事发现场的宿舍进行勘验调查，之后，以涉嫌强奸罪拘留了陈某。三个月后，检察院以陈某涉嫌强奸罪向法院提起公诉。一审法院经审理认为，陈某违背妇女意志，使用胁迫等手段，强行与妇女发生性行为，符合《刑法》第二百三十六条之规定，构成强奸罪，判处陈某有期徒刑五年。

● 律师答疑

本案的关键是男女朋友在谈恋爱期间发生的强行性行为，是否应认定为强奸。

我国《刑法》规定，以暴力、胁迫或者其他手段强奸妇女的，处三年以上十年以下有期徒刑。奸淫不满十四周岁的幼女的，以强奸论，从重处罚。从这条可以看出，构成强奸罪的客观要件在于：客观上必须具有使用暴力、胁迫或者其他手段，使妇女处于不能反抗、不敢反抗、不知反抗状态或利用妇女处于不知、无法反抗的状态而乘机实行奸淫的行为。另外，此行为须是违背妇女意志的行为。主观要件在于：本罪在主观方面表现为故意，并且具有奸淫的目的。这是我国刑法关于强奸罪的主客观构成要件分析。

本案虽然发生在男女朋友谈恋爱期间，但是不能排除男方违背女方意志，强行发生性关系的行为的违法性及社会危害性。事实上，就算男女朋友在谈恋爱，男方也不能为所欲为，不考虑女方的意愿而强行与之发生性行为。

以本案为鉴，也劝告恋爱中的军人朋友，不要轻易逾越法律的鸿沟，否则，后果是很严重的。

● **法律依据**

《中华人民共和国刑法》第二百三十六条 以暴力、胁迫或者其他手段强奸妇女的，处三年以上十年以下有期徒刑。奸淫不满十四周岁的幼女的，以强奸论，从重处罚。

9. "以偷讨债"是不是犯罪？应该怎样处理？

● **案例简介**

某部军官王某欠刘某20 000元钱已两年多，虽经刘某多次催讨，但王某均以无钱偿还为由拒不偿还。2010年4月的一天，刘某又找到王某要其偿还欠款，但王某以该欠款已过诉讼时效为由拒绝偿还。隔天，刘某又到王某家中催讨欠款，但刘某进屋后见房内空无一人，刘某便来到王某的卧室，撬开一抽屉，发现里面放有人民币15 000元，便悉数拿走。请问刘某是否构成盗窃罪？

● **律师答疑**

在司法实践中针对刘某如何定罪有两种观点。

第一种观点：构成盗窃罪。主要理由是：①刘某趁王某家中无人之际，实施了秘密窃取的手段。②刘某在客观上已非法占有了王某的人民币15 000元，属数额巨大。③虽然刘某与王某之间存在合法的债务关系，但决不能采取秘密窃取的手段进行非法占有。因此刘某的行为应按盗窃罪论处。

第二种观点：刘某在无奈的情况下采取的民事自助行为，虽然属于非法的行为，但不构成犯罪，可以适用治安管理处罚法进行处罚。

本案中刘某到王某家中，拿走现金15 000元，虽然王某拖欠刘某的欠款，但不能据此认定刘某拥有王某放置家中抽屉里的15 000元，其在客观上表现为刘某秘密窃取了数额较大的他人的财物，侵犯了他人的财产所有权。刘某应当认识到王某家中抽屉里的现金及财物应归他人所有，但因债务原因而采取秘密的手段窃取并占有他人的现金直至案发，据此完全可以认定刘某具有非法占有他人财物的目的。

刘某的行为不属于自助行为,自助行为是民事权利主体为保护自己的权利,在情势紧迫又不能及时请求国家机关予以救助的情况下,对他人的财产或者人身自由施加扣押、拘束或其他相应措施,而为法律或者社会公共道德所认可的行为,且事后须及时提请有关机关处理。王某拖欠刘某的欠款问题,刘某完全可以采取起诉至法院的方式解决,而不应以法律否定的行为来对抗违法行为。因此刘某的"以偷讨债"的行为构成盗窃罪。

● **法律依据**

《中华人民共和国刑法》第二百六十四条 盗窃公私财物,数额较大或者多次盗窃的,处三年以下有期徒刑、拘役或者管制,并处或者单处罚金;数额巨大或者有其他严重情节的,处三年以上十年以下有期徒刑,并处罚金;数额特别巨大或者有其他特别严重情节的,处十年以上有期徒刑或者无期徒刑,并处罚金或者没收财产;有下列情形之一的,处无期徒刑或者死刑,并处没收财产。

(一)盗窃金融机构,数额特别巨大的;

(二)盗窃珍贵文物,情节严重的。

《最高人民法院关于审理盗窃案件具体应用法律若干问题的解释》:

第三条 盗窃公私财物"数额较大"、"数额巨大"、"数额特别巨大"的标准如下:

(一)个人盗窃公私财物价值人民币五百元至二千元以上的,为"数额较大"。

(二)个人盗窃公私财物价值人民币五千元至二万元以上的,为"数额巨大"。

(三)个人盗窃公私财物价值人民币三万元至十万元以上的,为

"数额特别巨大"。

各省、自治区、直辖市高级人民法院可根据本地区经济发展状况,并考虑社会治安状况,在前款规定的数额幅度内,分别确定本地区执行的"数额较大"、"数额巨大"、"数额特别巨大"的标准。

10. 军人犯罪被判刑后是否要开除军籍？是否要剥夺军衔？

● **案例简介**

战士张某与李某是同年兵，两人的平时关系较好，且不分彼此。一天，李某因家中有急事借了张某2万元钱。但后来张某多次向李某催要还钱，一开始李某还说要等过几个月再还，可是现在张某再催要时，李某就干脆否认借钱一事。这让张某很生气，就与李某争吵，两人动起了手来，在打斗中李某被张某从楼梯推下，造成了李某重伤。后张某因犯故意伤害罪被某军事法院判处有期徒刑5年，张某的军籍是否会被开除？军衔是否要剥夺？

● **律师答疑**

开除军籍是指取消现役军人资格以及与此相适应的军人的权利和义务；是对严重违反国家法律和军队纪律，确已丧失服役基本政治条件的现役军人的最高行政纪律处分。根据军队《纪律条令》的规定，现役军人故意犯罪，被判处五年以上有期徒刑、无期徒刑、死刑的应当开除军籍。本案中张某的刑期为五年以下有期徒刑，不会被开除军籍。

依据中央军委《关于剥夺犯罪军人军衔的规定》，军人犯罪被依法判处三年以上有期徒刑、无期徒刑、死刑或者剥夺政治权利的，由第一审军事法院判决剥夺其军衔。本案中，军事法院应当依法判决剥夺张某的军衔。

● **法律依据**

《中国人民解放军纪律条令》第四十二条　对违反纪律，有下列情形之一的，应当开除军籍：

（一）已构成危害国家安全罪的；

（二）故意犯罪，被判处五年以上有期徒刑、无期徒刑、死刑的；

（三）被判处有期徒刑不满五年的人员或者过失犯罪被判处五年以上有期徒刑的人员在服刑期间，或者被劳动教养的人员在劳动教养期间，抗拒改造，情节严重的；

（四）违反纪律，情节严重，影响恶劣，已丧失军人基本条件的。

中央军委《关于剥夺犯罪军人军衔的规定》第二条　军人犯罪被依法判处三年以上有期徒刑、无期徒刑、死刑或者剥夺政治权利的，由第一审军事法院判决剥夺其军衔。

11. 收买被拐卖的妇女又出卖的，应承担刑事责任吗？

● **案例简介**

战士小张的表哥张三在家务农，因其相貌不好，家境贫寒，迟迟找不到对象。2000年春节其母病危，希望在临终前看到张三娶到媳妇。这时邻居告诉张三，邻村李某可以介绍一女子与张三马上结婚，但是索要"酬金"5 000元，张三别无他法，于是花了5 000元将女子领回家。这时，女子声称自己是被拐骗的，坚决不愿做张三的老婆，请求张三放其返回家乡，张三看到女子性子很烈，担心留下会闹出人命来，但又不愿意让花的钱打了水漂，于是马上又联系同村的单身汉何某，谈妥后以5 000元的价格将女子转让给何某。

● **律师答疑**

本案主要涉及收买被拐卖的妇女后又卖出的行为的定性。收买被拐卖妇女、儿童罪客观上要求行为人明知是被拐卖的妇女、儿童仍然予以收买，根据其收买目的以及之后的作为的不同，行为的定性也不相同。如果行为人收买被拐卖妇女、儿童只是为了娶妻或者收养，那么收买行为可以收买被拐卖的妇女儿童罪定罪处罚；如果行为人收买被拐卖妇女、儿童是为了出卖或者收买时未打算出卖但收买后实施了出卖行为的，不再定收买被拐卖妇女、儿童罪，而只以拐卖妇女、儿童罪定罪处罚。另外，需要强调的是，在收买被拐卖的妇女、儿童的过程中，又有非法剥夺、限制其人身自由或者有伤害、侮辱、强行与其发生性关系行为的，实行数罪并罚。

本案中，张三为了达成其母亲的临终心愿，从他人手中收买女子，欲与之结婚，但女子明确告诉张三自己是被拐骗的，坚决不从。张三明知以上情况，但为了挽回自己5 000元钱的损失，不顾女子的意愿，又将女子转卖给了何某，符合刑法中关于拐卖妇女罪的规定。张三的行为已经构成转化的拐卖妇女罪。

● **法律依据**

《中华人民共和国刑法》第二百四十条　拐卖妇女、儿童的，处五年以上十年以下有期徒刑，并处罚金；有下列情形之一的，处十年以上有期徒刑或者无期徒刑，并处罚金或者没收财产；情节特别严重的，处死刑，并处没收财产：

（一）拐卖妇女、儿童集团的首要分子；

（二）拐卖妇女、儿童三人以上的；

（三）奸淫被拐卖的妇女的；

（四）诱骗、强迫被拐卖的妇女卖淫或者将被拐卖的妇女卖给他人迫使其卖淫的；

（五）以出卖为目的，使用暴力、胁迫或者麻醉方法绑架妇女、儿童的；

（六）以出卖为目的，偷盗婴幼儿的；

（七）造成被拐卖的妇女、儿童或者其亲属重伤、死亡或者其他严重后果的；

（八）将妇女、儿童卖往境外的。

拐卖妇女、儿童是指以出卖为目的，有拐骗、绑架、收买、贩卖、接送、中转妇女、儿童的行为之一的。

第二百四十一条　收买被拐卖的妇女、儿童的，处三年以下有期徒刑、拘役或者管制。

收买被拐卖的妇女，强行与其发生性关系的，依照本法第二百三十六条的规定定罪处罚。

收买被拐卖的妇女、儿童,非法剥夺、限制其人身自由或者有伤害、侮辱等犯罪行为的,依照本法的有关规定定罪处罚。

收买被拐卖的妇女、儿童,并有第二款、第三款规定的犯罪行为的,依照数罪并罚的规定处罚。

收买被拐卖的妇女、儿童又出卖的,依照本法第二百四十条的规定定罪处罚。

收买被拐卖的妇女、儿童,按照被买妇女的意愿,不阻碍其返回原居住地的,对被买儿童没有虐待行为,不阻碍对其进行解救的,可以不追究刑事责任。

12. 捏造事实，诽谤他人，应承担什么刑事责任？

● **案例简介**

某部军官王某的表弟李四，已经35岁了还没有合适的恋爱对象。一次李四在出差时认识了比自己小10岁的宾馆服务员成某，闲聊中得知彼此还是老乡，经过多次交往双方都产生了好感，不久两人就同居了。一段时间后，成某家人发现了两人的恋情，因嫌李四年龄大且家庭条件不好，成某家人极力反对并强行将成某带走了。此后，成某逐渐与李四疏远，最后提出了分手。李四极力挽回，成某却不为所动。眼见合好无望，为报复成某及其家人，李四编造事实说成某是卖淫女，与多个男人有染，还贩卖毒品，之后自制并印刷了千余张以上内容的传单，张贴在成某住所周围、街道等处，导致成某及家人在外总是受到周围人的议论和指指点点，造成成某精神恍惚，几次自杀，幸好经家人及时抢救才挽回生命。

● **律师答疑**

本案主要涉及诽谤罪、侮辱罪和诬告陷害罪的区别。

诽谤罪是指故意捏造并散布虚构的事实，损害他人人格，破坏他人名誉，情节严重的行为。侮辱罪是指以暴力或者其他方法，公然贬低、损害他人人格，破坏他人名誉，情节严重的行为。诬告陷害罪：是指捏造犯罪事实，向国家机关或者有关单位作虚假告发，意图使他人受刑事追究，情节严重的行为。

因此，侮辱罪与诽谤罪有明显的区别：一是捏造的方法不同。诽谤罪的方式仅限于语言文字，而侮辱罪可以采用暴力的方法；二是诽谤罪对散布的方式没有特别的要求，散布即可，而侮辱罪要求侮辱必须公然进行；诽谤罪的诽谤内容都是虚假的，是行为人捏造的，而侮辱罪没有这样的限定，侮辱的内容可以是事实也可以是捏造的。诽谤罪和侮辱罪不同于诬告陷害罪的最主要方面是诬告陷害罪要求诬告陷害罪行为必须捏造犯罪事实，而且向有关机关或者人员告发或者采用了足以引起司法机关追究的方法。

　　本案中李四因爱生恨，产生了报复成某的想法，虚构成某是卖淫女、贩卖毒品的事实，制作传单张贴、散布在成某的住所周围，但不是公然侮辱，也没有向特定机关告发或者采取足以引起司法机关追究活动的方法，所以李四的行为更符合诽谤罪的规定，而且李四的行为极大地损害了成某的声誉及人格尊严，严重影响了成某及其家人的正常生活，已经达到情节严重的标准，李四的行为构成诽谤罪。

● **法律依据**

　　《中华人民共和国刑法》第二百四十六条　以暴力或者其他方法公然侮辱他人或者捏造事实诽谤他人，情节严重的，处三年以下有期徒刑、拘役、管制或者剥夺政治权利。

　　前款罪，告诉的才处理，但是严重危害社会秩序和国家利益的除外。

13. 私存枪支、弹药是什么性质的行为？

● **案例简介**

战士小王在部队组织的实弹射击训练时，乘人不备将配发的十发八一式步枪子弹中的六发退出了弹甲，偷偷地装在自己的衣服口袋里，然后以连发的方式将剩余的子弹一次全部打出。带队领导发现后，仅对小王以连发的方式射击进行了严厉的批评，但未觉察到小王有私藏子弹的行为。几个月后，小王利用探家之机想把私存的子弹带回家，在车站安检时被检查了出来，子弹被没收，小王被民警带走并移交部队保卫部门。经审问，小王对其私存子弹的行为供认不讳，并表示其私存子弹只是好奇，想留下来做个纪念。大家对于小王的行为众说纷纭，有的说小王的行为只是一般违纪行为，有的说小王的行为是犯罪行为。

● **律师答疑**

私存和持有枪支、弹药是法律禁止的行为。《中华人民共和国枪支管理办法》规定：非军事系统使用的民用枪支，包括手枪、步枪、冲锋枪、机枪、射击运动用的各种枪支，狩猎用的膛线枪、霰弹枪、火药枪、麻醉动物用的注射枪以及能发射金属弹、具有杀伤力的气枪，除依法配备专门人员从事公务时装备使用、携带管理外，其他人员除向公安机关申请并换发持枪证方可持有枪支的，一律不得持有和私藏枪支以及与上述枪支相配套的枪弹（子弹）。总参谋部、总政治部、总后勤部1982年6月14日发布的《关于禁止个人私存私藏枪支弹药的规定》明确要求，现役军人"除按编制配发个人使用的武器、弹药（必须妥善保管）外，任何人不准私存私藏枪支弹药（含雷管、炸药）"。

可见，无论是军用枪支还是民用枪支，除法定人员使用或按法定程序批准持有外，其他任何人不得持有、存放和收藏，更不得携带和使用。前些年公安机关虽多次进行枪支、弹药的收缴工作，但仍有个别人我行我素，不愿也不肯自动登记上交，即使他们并无用枪从事非法活动的故意，但私存私藏枪支弹药本身就是违法的行为。如经教育仍未上交，情节轻微的，按治安条例给予警告、罚款或拘留的行政处罚；经反复督促检查，拒不上交的，则构成了非法持有、私藏枪支弹药罪，依照《刑法》第128条之规定，处3年以下有期徒刑、拘役或管制；情节严重的，处3年以上7年以下有期徒刑。同时，非法携带枪支弹药进入公共场所或公共交通工具，危及了公共安全，情节严重的，还要处3年以下有期徒刑、拘役或管制。

本案中，小王私存子弹的行为被查出，因数量较少，不是出于非法的目的，且主动交出并承认了错误，根据相关法律、法规，小王的行为不构成犯罪。但是根据部队条例条令规定，小王将受到部队的纪律处分。

● **法律依据**

《中华人民共和国刑法》第一百二十八条　违反枪支管理规定，非法持有、私藏枪支、弹药的，处三年以下有期徒刑、拘役或者管制；情节严重的，处三年以上七年以下有期徒刑。

依法配备公务用枪的人员，非法出租、出借枪支的，依照前款的规定处罚。

依法配置枪支的人员，非法出租、出借枪支，造成严重后果的，依照第一款的规定处罚。

单位犯第二款、第三款罪的，对单位判处罚金，并对其直接负责的主管人员和其他直接责任人员，依照第一款的规定处罚。

第一百三十条　非法携带枪支、弹药、管制刀具或者爆炸性、易燃性、放射性、毒害性、腐蚀性物品，进入公共场所或者公共交通工具，危及公共安全，情节严重的，处三年以下有期徒刑、拘役或者管制。

《最高人民检察院、公安部关于公安机关管辖的刑事案件立案追诉标准的规定（一）》第四条　非法持有、私藏枪支、弹药案（《刑法》第一百二十八条第一款）违反枪支管理规定，非法持有、私藏枪支、弹药，涉嫌下列情形之一的，应予立案追诉：

（一）非法持有、私藏军用枪支一支以上的；

（二）非法持有、私藏以火药为动力发射枪弹的非军用枪支一支以上，或者以压缩气体等为动力的其他非军用枪支二支以上的；

（三）非法持有、私藏军用子弹二十发以上、气枪铅弹一千发以上或者其他非军用子弹二百发以上的；

（四）非法持有、私藏手榴弹、炸弹、地雷、手雷等具有杀伤性弹药一枚以上的；

（五）非法持有、私藏的弹药造成人员伤亡、财产损失的。

本条规定的"非法持有"，是指不符合配备、配置枪支、弹药条件的人员，擅自持有枪支、弹药的行为；"私藏"，是指依法配备、配置枪支、弹药的人员，在配备、配置枪支、弹药的条件消除后，私自藏匿所配备、配置的枪支、弹药且拒不交出的行为。

14. 军人在训练中打骂、侮辱新战士，致人自杀身亡，应承担怎样的法律责任？

● **案例简介**

刘某是新兵连新兵班长，他所带的班里有个新兵小马因天资较差，经常完不成训练任务，影响了该班的训练成绩。班长刘某十分恼火，不但经常当众训斥他，还用罚跪等手段进行惩罚，马某思想悲观，觉得没有脸见人，因而上吊自杀身亡。刘班长的行为是否构成了犯罪？

● **律师答疑**

尊干爱兵是我军的优良传统和克敌制胜的法宝。各级干部以兄长情、战友爱关心爱护战士，尊重士兵的民主权利、人身权利和财产权利，既是宪法和法律的普遍性原则的实际运用，也是军队条令、条例的特殊要求。所有侵害士兵人身权、财产权和民主权利的行为，无论以何种方式和手段，都属于违法行为，都将受到不同程度的法律制裁。一般情况下，侮辱、打骂、体罚或变相体罚部属，或者利用职权打击报复或刁难对自己提批评意见或向上级反映问题、提出控告申诉的部属的，如果情节较轻，后果不严重，应依《纪律条令》的规定，分别给予警告、严重警告、记过、记大过以至降职（级）、降衔（级）、撤职等行政处分。如果处于领导岗位的干部骨干，滥用自己管理、命令部属的职权，实施了上述虐待部属的行为，情节恶劣，致人重伤或其他严重后果，则构成了《刑法》规定的虐待部属罪，应受到5年以下有期徒刑或拘役的处罚，如致人死亡的，处5年以上有期徒刑。

本案中，刘某作为带兵骨干打骂、侮辱致新兵小马身亡的行为，构成了虐待部属罪，应承担相应的刑事责任。在部队的日常生活中，常有一些干部骨干对部分训练、工作不认真，不要求进步，不遵守部队各项制度的战士，不是耐心进行帮助，而是打骂体罚或变相体罚，有的甚至造成严重后果，殊不知这种行为既违反条令条例的规定，也可能触犯刑律，应以此为戒。

● **法律依据**

《中华人民共和国刑法》第四百四十三条　滥用职权，虐待部属，情节恶劣，致人重伤或者造成其他严重后果的，处五年以下有期徒刑或者拘役；致人死亡的，处五年以上有期徒刑。

15. 什么是破坏军人婚姻罪？如何处罚？

● **案例简介**

现役军人刘某之妻马某与其公司经理唐某通奸2年，唐某经常对外冒充马某的哥哥在马某家过夜。马某是后迁入该小区的住户，邻居也以为他俩是兄妹。一天晚上，现役军人刘某利用出差之机回了一趟家，因临时的想法就没有给妻子马某打电话，也想给马某一个惊喜。当刘某打开家门后，发现了马某与唐某的奸情。后起诉到法院要求与马某离婚。请问唐某是否构成犯罪，如何处罚？

● **律师答疑**

唐某构成了破坏军婚罪。《刑法》第259条第1款规定："明知是现役军人的配偶而与之同居或者结婚的，处三年以下有期徒刑或者拘役。"

破坏军人婚姻罪，是指明知是现役军人的配偶而与之同居或者结婚的行为。所谓"现役军人"是指在中国人民解放军或人民武装警察部队中正在服役的军人。所谓现役军人的"配偶"，是指已婚现役军人的妻子或丈夫。不包括与现役军人仅有婚约关系的未婚妻或未婚夫。"明知"包括两种情况：一种是确知，即行为人通过某种方式确切地知道对方就是现役军人的配偶。如行为人亲眼见过对方的配偶或从其穿着、谈话得知是现役军人的，等等。另一种是感知，即行为人通过某种方式感觉到对方是现役军人的配偶。如看过军人配偶的信件、照片等。

破坏军人婚姻罪主要有三种类型：一是重婚型，即明知是现役军人的配偶而与其办理结婚登记手续,骗取结婚登记的;明知是现役军人的配偶而与之以夫妻名义同居生活,群众也认为是夫妻关系的。二是同居型,即明知是现役军人的配偶,却在较长时间公开地或秘密地在一起共同生活。这种关系不仅以不正当的两性关系为基础,还往往有经济上和其他生活方面的特殊关系,而不同于一般的通奸关系。三是通奸型,即明知是现役军人的配偶而与之长期通奸,情节恶劣或者造成现役军人夫妻关系破裂严重后果的。长期通奸情节恶劣,具体表现为致现役军人配偶怀孕或者生育等。造成军人夫妻关系破裂的严重后果主要表现为:被告人挑拨、唆使现役军人的配偶闹离婚,现役军人的配偶严重虐待现役军人,通奸行为发生后,现役军人的配偶或现役军人提出离婚的,等等。

本案中唐某明知马某系现役军人之妻,与其通奸2年之久,构成了破坏军婚罪,应受到相应的刑事处罚。

● **法律依据**

《中华人民共和国刑法》第二百五十九条 明知是现役军人的配偶而与之同居或者结婚的,处三年以下有期徒刑或者拘役。

利用职权、从属关系,以胁迫手段奸淫现役军人的妻子的,依照本法第二百三十六条的规定定罪处罚。

16. 军人犯罪被判徒刑后由哪个单位执行？

● **案例简介**

士官黄某因盗窃罪被判处有期徒刑3年，罚金2万元；士官李某因抢劫罪被判处有期徒刑7年，罚金1万元，并被开除军籍。后来，黄某在军事监狱服刑，而李某却被移送到其入伍前的户口所在地的地方监狱服刑。为什么同为军人的黄某和李某犯罪被判徒刑后执行的单位不一样呢？

● **律师答疑**

根据总政治部、司法部关于军人判处刑罚后执行问题的具体规定：①因犯罪被判处刑罚并开除军籍的现役军人（含离休退休干部、在编职员干部、在编职工），均应在判决生效后，交其原籍或者家庭居住地的地方监狱执行刑罚。一般应移送罪犯原籍所在地的地方监狱，如罪犯的配偶子女所在地与原籍不属同一省、自治区、直辖市，也可由其配偶、子女所在地的地方监狱执行刑罚。②判处刑罚后，未开除军籍的罪犯和判处刑罚前担任师以上领导职务的（不含未担任领导职务的副师职以上机关干部和享受相应待遇专业技术干部）罪犯，由军事监狱执行刑罚。③已被开除军籍的罪犯，犯罪前掌握过重要军事秘密，不宜送交地方监狱执行的，仍由军事监狱执行；对其中有明确脱密期的，待脱密期过后再移交地方监狱执行。

黄某被开除军籍，而李某虽被判处有期徒刑但未被开除军籍。所以，黄某被判刑后移交地方监狱执行，而李某未被开除军籍仍由军事监狱执行。

● **法律依据**

《司法部、总政治部关于军人判处刑罚后执行问题的联合通知》

一、因犯罪被判处刑罚并开除军籍的现役军人（含离退休干部、在编职员干部、在编职工）均应在判决生效后，交其原籍或家庭居住地的地方监狱执行刑罚。

二、判处刑罚后，未开除军籍的罪犯和已被开除军籍但判处刑罚前担任副师职以上领导职务的（不含未担任领导职务的副师职以上机关干部和享受相应待遇的专业技术干部）罪犯，由军事监狱执行刑罚。

三、已被开除军籍的罪犯，犯罪前掌握过党、国家、军队的重要机密，不宜送交地方监狱执行刑罚的，仍由军事监狱执行；对其中有明确脱密期的，待脱密期过后再移交地方监狱执行。

四、向地方监狱移交被开除军籍的罪犯，一般应移送到罪犯原籍所在地的监狱。如罪犯的配偶子女所在地与原籍不属同一省、自治区、直辖市，也可由其配偶、子女所在地的地方监狱执行刑罚。向地方监狱移送罪犯，需经过拟移送地的省、自治区、直辖市监狱管理局办理，执行通知的发送由原判军事法院负责，罪犯的押送移交由罪犯原所在师以上单位保卫部门负责。

五、开除军籍后交地方监狱执行的罪犯，刑满后由所在监狱依法办理释放手续。

六、地方监狱在接收被开除军籍的罪犯时，不得收取任何费用。

七、需地方监狱代为管理的其他罪犯及其他有关事宜，由总政保卫部与司法部监狱管理局共同商定办理。

17. 不服一审判决上诉的，会加重刑罚吗？

● **案例简介**

战士小陈因参与某盗窃团伙盗窃部队服务中心的烟酒，一审被军事法院判处有期徒刑5年，小陈觉得自己只是在盗窃时为他人放风而已，并没有参与具体盗窃，认为刑罚太重，于是他准备要上诉。有人劝他不要上诉，说上诉可能还会加重刑罚，这种说法对吗？

● **律师答疑**

这种说法不对，持这种说法的人没有理解我国刑事诉讼制度中的"上诉不加刑"原则。

《刑事诉讼法》规定，第二审人民法院审判被告人或者他的法定代理人、近亲属上诉的案件，不得加重被告人的刑罚。人民检察院提出抗诉或者自诉人提出上诉的，不受前款规定的限制。根据"上诉不加刑"原则，为了使被告人无顾虑地充分行使上诉权，在只有被告人一方上诉时，除非发现新的犯罪事实，第二审判决不得将原判决变得更为不利于被告人。具体而言，它有几个基本要求：①同一刑种，不得加重刑罚的数量；②不得改变刑罚执行方法，如将缓刑改为死刑，将死刑缓期执行改为立即执行；③不得在主刑上增加附加刑；④不得改判较重的刑种，如将拘役6个月改为有期徒刑6个月；⑤不得加重数罪并罚案件的宣告刑；⑥不得加重共同犯罪案件中未提起上诉的被告人刑罚。

要注意的是，"上诉不加刑"原则中的"上诉"仅指被告人一方的上诉，对此不加刑。如果检察机关也提出了抗诉或者自诉人提出了上诉，则"上诉不加刑"原则就不适用了。

● **法律依据**

《中华人民共和国刑法》第二百二十六条 第二审人民法院审理被告人或者他的法定代理人、辩护人、近亲属上诉的案件,不得加重被告人的刑罚。第二审人民法院发回原审人民法院重新审判的案件,除有新的犯罪事实,人民检察院补充起诉的以外,原审人民法院也不得加重被告人的刑罚。

人民检察院提出抗诉或者自诉人提出上诉的,不受前款规定的限制。

18. 什么是监外执行，应具备什么条件？

● **案例简介**

军属李某因贪污罪被判处有期徒刑10年，现已执行刑罚5年了，在监狱的一次例行体检中，李某被查出肝硬化需要就医。于是李某提出申请监外执行，李某的这种情况符合监外执行的条件吗？应如何办理？

● **律师答疑**

本案主要涉及监外执行的条件和办理程序问题。监外执行是指在刑罚执行过程中，由于法律规定的情形出现，依法采取的一种暂时将执行场所变更为监所的执行方法。监外执行适用于被判处有期徒刑或拘役的罪犯。其法定情形有：①有严重疾病、需要保外就医的；②怀孕或者正在哺乳自己婴儿的妇女；③生活不能自理，监外执行不致危害社会的。

李某的病情如果符合以上第一种情形，且经过医院证明，有需要保外就医的必要，就可以申请监外执行。具体办理程序是：申请人首先向监狱提出书面申请，附证明材料，监狱出具书面材料和意见后报省、自治区、直辖市监狱管理机关审核批准。该机关还需将批准决定书抄送人民检察院审查，如认为暂予监外执行的决定不当，人民检察院应当在1个月内将书面意见送监狱管理机关，监狱管理机关应当即进行重新核定。

还需说明的是，为杜绝滥用以保外就医的形式监外执行的现象，刑事诉讼法在保外就医的条件和程序上有一定限制。在条件上，对于判处无期徒刑以上刑罚的、有社会危险的、自伤自残的或者罪恶重、民愤大的罪犯，不管其患有多么严重的疾病，都不得以保外就医的形式监外执行；在程序上，规定保外就医必须有省级人民政府指定的医院开具证明文件后才向监狱提出申请。

● **法律依据**

《中华人民共和国刑事诉讼法》第二百五十四条　对被判处有期徒刑或者拘役的罪犯，有下列情形之一的，可以暂予监外执行：

（一）有严重疾病需要保外就医的；

（二）怀孕或者正在哺乳自己婴儿的妇女；

（三）生活不能自理，适用暂予监外执行不致危害社会的。

对被判处无期徒刑的罪犯，有前款第（二）项规定情形的，可以暂予监外执行。

对适用保外就医可能有社会危险性的罪犯，或者自伤自残的罪犯，不得保外就医。

对罪犯确有严重疾病，必须保外就医的，由省级人民政府指定的医院诊断并开具证明文件。

在交付执行前，暂予监外执行由交付执行的人民法院决定；在交付执行后，暂予监外执行由监狱或者看守所提出书面意见，报省级以上监狱管理机关或者设区的市一级以上公安机关批准。

第二百五十五条　监狱、看守所提出暂予监外执行的书面意见的，应当将书面意见的副本抄送人民检察院。人民检察院可以向决定或者批准机关提出书面意见。

第二百五十六条　决定或者批准暂予监外执行的机关应当将暂予监外执行决定抄送人民检察院。人民检察院认为暂予监外执行不当的，应当自接到通知之日起一个月以内将书面意见送交决定或者批准暂予监外执行的机关，决定或者批准暂予监外执行的机关接到人民检察院的书面意见后，应当立即对该决定进行重新核查。

第二百五十八条　对被判处管制、宣告缓刑、假释或者暂予监外执行的罪犯，依法实行社区矫正，由社区矫正机构负责执行。

19. 在狱中表现良好，可以减刑吗？

● **案例简介**

朱某因犯诈骗罪被判处有期徒刑10年，现在已执行了5年，朱某在监狱中积极改造自己，表现良好，多次在监狱组织的"两劳"人员的现身说法活动中上台演讲，深深忏悔自己所犯的过错，反响强烈，并协助管教做好其他狱友的思想转化工作，受到了监狱管理部门的表扬。根据朱某的以上表现，他会被减刑吗？对减刑的审批由哪个机关负责？

● **律师答疑**

本案涉及减刑的条件和程序问题。减刑是在刑罚执行过程中，对符合一定条件的罪犯予以减轻刑罚的制度。它对于鼓励犯罪分子积极改造、悔罪自新有着重要意义。我国刑事诉讼和刑法规定，被判处管制、拘役、有期徒刑、无期徒刑的犯罪分子，在执行期间，如果认真遵守监规，接受教育改造，确有悔改表现的，或者有立功表现的，可以减刑；有阻止他人重大犯罪活动等重大立功表现的，应当减刑。因此，朱某在监狱中的表现符合可以减刑的条件。

对朱某的减刑应由执行机关向中级以上人民法院提出减刑意见书，人民法院受理后应当组成合议庭进行审理。对于符合法定条件的，裁定予以减刑。人民法院应当将减刑裁定书副本抄送人民检察院。人民检察院认为人民法院减刑的裁定不当，应当在收到裁定书副本后20日以内，向人民法院提出书面纠正意见。人民法院应当在收到纠正意见后1个月以内重新组成合议庭进行审理，作出最终裁定。

● **法律依据**

《中华人民共和国刑法》第七十八条　被判处管制、拘役、有期徒刑、无期徒刑的犯罪分子，在执行期间，如果认真遵守监规，接受教育改造，确有悔改表现的，或者有立功表现的，可以减刑；有下列重大立功表现之一的，应当减刑：

（一）阻止他人重大犯罪活动的；

（二）检举监狱内外重大犯罪活动，经查证属实的；

（三）有发明创造或者重大技术革新的；

（四）在日常生产、生活中舍己救人的；

（五）在抗御自然灾害或者排除重大事故中，有突出表现的；

（六）对国家和社会有其他重大贡献的。

减刑以后实际执行的刑期，判处管制、拘役、有期徒刑的，不能少于原判刑期的二分之一；判处无期徒刑的，不能少于十年。

第七十九条　对于犯罪分子的减刑，由执行机关向中级以上人民法院提出减刑建议书。人民法院应当组成合议庭进行审理，对确有悔改或者立功事实的，裁定予以减刑。非经法定程序不得减刑。

第八十条　无期徒刑减为有期徒刑的刑期，从裁定减刑之日起计算。

《中华人民共和国刑事诉讼法》第二百六十二条　罪犯在服刑期间又犯罪的，或者发现了判决的时候所没有发现的罪行，由执行机关移送人民检察院处理。

被判处管制、拘役、有期徒刑或者无期徒刑的罪犯，在执行期间确有悔改或者立功表现，应当依法予以减刑、假释的时候，由执行机关提出建议书，报请人民法院审核裁定，并将建议书副本抄送人民检察院。人民检察院可以向人民法院提出书面意见。

第三篇
婚姻家庭继承法篇

1. 婚前约定将房产赠与对方，婚后还能撤销赠与吗？

● **案例简介**

　　2007年，军人冯某用父母毕生的积蓄在某市购置一套面积一百二十余平方米、价值两百余万元的商品房，为以后娶妻生子做准备。2008年初，冯某经人介绍与小芳相识并确立恋爱关系，同年12月，与小芳办理了结婚登记并举行了婚礼。婚后俩人感情尚可，但小芳因多疑，总是不放心丈夫在外工作和应酬，丈夫冯某为了打消妻子的顾虑，决定将其婚前购买的上述商品房变更为妻子名字，以表忠心。2009年8月1日建军节这一天，双方签署了赠与协议，约定"冯某自愿将位于某市某小区某号的商品房一套赠与小芳"，双方签了名并按了手印。两年过去了，由于双方对房屋过户意识淡薄，该赠与房产也就一直在冯某名下，未变更过户至小芳名下，后因夫妻矛盾爆发，双方闹离婚，小芳表示婚可以离，但要求房产归自己所有，那么冯某还能要回自己的商品房吗？

● **律师答疑**

　　军人冯某能要回自己的商品房。冯某与小芳双方签订的房产赠与协议虽然合法有效，但是，冯某赠与的房产尚未变更登记至小芳名下，就法律而言，该房屋所有权尚未发生权属转移，根据《中华人民共和国合同法》的规定，赠与人在赠与财产的权利转移之前可以撤销赠与，由此可见，虽然赠与合同合法有效，在没有完成房产过户登记之前属于所有权未发生转移情形，赠与人冯某依法享有撤销赠与的权利。

● **法律依据**

《中华人民共和国合同法》第一百八十六条　【赠与合同的任意撤销与限制】赠与人在赠与财产的权利转移之前可以撤销赠与。具有救灾、扶贫等社会公益、道德义务性质的赠与合同或者经过公证的赠与合同，不适用前款规定。

最高人民法院关于适用《中华人民共和国婚姻法》若干问题的解释（三）第六条　婚前或者婚姻关系存续期间，当事人约定将一方所有的房产赠与另一方，赠与方在赠与房产变更登记之前撤销赠与，另一方请求判令继续履行的，人民法院可以按照合同法第一百八十六条的规定处理。

2. 离婚时未发现或未处理的住房基金，事后还可以再分割吗？

● **案例简介**

倪某是某研究院军人，正师级干部，与李女士结婚26年，生育一子一女。后因倪某工作繁忙，常常出差，回来已疲惫不堪，还要忍受一家四口蜗居在不足10平方米的房间内，倪某的脾气变得越来越大，导致夫妻经常吵架，后双方于1995年协议离婚。1997年倪某经人介绍，又与吴女士结婚，2004年倪某因病去世，离婚时军人倪某遗留在生前所在单位的个人住房账户上的住房基金为四十余万元，请问，倪某前妻李女士能分得丈夫的该住房基金吗？

● **律师答疑**

李女士依法可以分得与倪某在夫妻关系存续期间相应的住房基金等夫妻共同财产的二分之一。虽然李女士与倪某已经离婚，但是，离婚时尚未发现并未处理倪某的该住房基金，根据婚姻法及其司法解释规定，该住房基金财产属于男女双方应当取得的住房补贴、住房公积金，属于婚姻法第十七条规定的"其他应当归共同所有的财产"的情形，因此，李女士当然能分得丈夫的住房基金。

● **法律依据**

《中华人民共和国婚姻法》第十七条 【夫妻共有财产】第（五）项 夫妻在婚姻关系存续期间所得的其他应当归共同所有的财产，归夫妻共同所有。

《最高人民法院关于适用〈中华人民共和国婚姻法〉若干问题的解释（二）》第十一条第（二）项　婚姻关系存续期间，男女双方实际取得或者应当取得的住房补贴、住房公积金属于婚姻法第十七条规定的"其他应当归共同所有的财产"。

3. 军人的配偶要求离婚，必须要征得军人同意吗？

● **案例简介**

某部队现役军人贾某与妻子陈女士结婚多年，长期两地分居，一年难见一次面，贾某因在沿海城市，思想观念开放，妻子一次去探望丈夫时，未事先通知，当陈女士到达丈夫的营地所在的城市时，不巧在街头碰见贾某与一位年轻漂亮的姑娘关系亲密，有说有笑，陈女士一想到自己如何珍惜夫妻感情，如何维系家庭，孝敬公婆，看到眼前的一幕不由得怒火中烧，当即发生冲撞，不顾贾某解释说只是女性朋友，坚持要求离婚，贾某坚决不同意。请问陈女士作为军人的配偶，要求离婚必须要征得贾某的同意吗？

● **律师答疑**

陈女士要求离婚必须要征得军人丈夫贾某的同意。因为，我国现行婚姻法规定，现役军人的配偶要求离婚的，须征得军人同意，但军人一方有重大过错的除外。本案中，军人贾某在大街上与女性有说有笑，虽然在妻子陈女士认为是亲密无比，但显然不属于法律规定的重婚或与他人同居等重大过错的情形，加之贾某不同意离婚，证明其夫妻感情尚未破裂，根据国家立法保护军婚、稳定军心等法律原则，陈女士要求离婚必须征得军人贾某的同意，否则，依法将不予以支持其离婚请求。

● **法律依据**

《中华人民共和国婚姻法》第三十三条 【军人配偶要求离婚】现役军人的配偶要求离婚，须得军人同意，但军人一方有重大过错的除外。

《最高人民法院关于适用〈中华人民共和国婚姻法〉若干问题的解释（一）》第二十三条　婚姻法第三十三条所称的"军人一方有重大过错"，可以依据婚姻法第三十二条第二款前三项规定及军人有其他重大过错导致夫妻感情破裂的情形予以判断。

《中华人民共和国婚姻法》第三十二条　【离婚诉讼】男女一方要求离婚的，可由有关部门进行调解或直接向人民法院提出离婚诉讼。

人民法院审理离婚案件，应当进行调解；如感情确已破裂，调解无效，应准予离婚。

有下列情形之一，调解无效的，应准予离婚：

（一）重婚或有配偶者与他人同居的；

（二）实施家庭暴力或虐待、遗弃家庭成员的；

（三）有赌博、吸毒等恶习屡教不改的……

4. 军人因公致残所获得的伤残补助金，在离婚时应如何分配？

● **案例简介**

2008年冬天，某部队现役军人邵某因公到外地出差，期间不幸发生重大车祸，邵某被送往医院，右腿被高位截肢，后邵某获得了高额伤残补助金。但他的生活也从此发生了翻天覆地的变化。妻子陆某一开始还算精于照料，但时间一长，她母亲就不同意了，经常怂恿陆某离婚，让她找一个四肢健全的人过日子，为促成女儿离婚，她还时常在邵某面前游说、劝他离婚。邵某经过激烈的思想斗争，最终同意与陆某离婚，不想再拖累陆某。但双方协议离婚时，对邵某所得的高额伤残补助金的分配发生了分歧。请问：陆某与邵某离婚时，陆某能否分得邵某的伤残补助金？

● **律师答疑**

军人邵某因伤残获得的补助金不属于婚姻法规定的夫妻共同财产范围，法律规定，军人的伤亡保险金、伤残补助金、医药生活补助费属于个人财产。因此，陆某离婚时无权分得邵某因伤残获得的高额伤残补助金。

● **法律依据**

《中华人民共和国婚姻法》第十七条 【夫妻共有财产】夫妻在婚姻关系存续期间所得的下列财产，归夫妻共同所有：

（一）工资、奖金；

（二）生产、经营的收益；

（三）知识产权的收益；

（四）继承或赠与所得的财产，但本法第十八条第（三）项规定的除外；

（五）其他应当归共同所有的财产。

夫妻对共同所有的财产，有平等的处理权。

《最高人民法院关于适用〈中华人民共和国婚姻法〉若干问题的解释（二）》第十三条　军人的伤亡保险金、伤残补助金、医药生活补助费属于个人财产。

5. 军人名下的复员费、自主择业费,离婚时应如何分配?

● 案例简介

1996年,服役于成都某军区的小刚和成都姑娘杨梅喜结良缘,一开始,小两口工资都不高,但感情甜蜜,日子过得还算红火。小刚是个非常孝顺的儿子,平日里有空就会经常打电话给老家父母嘘寒问暖,过年过节常给父母寄去礼物,妻子杨梅偶尔抱怨他,说他结婚了就该顾自己的小家,结婚好几年因为家庭经济条件不宽裕,连个孩子都不敢生,心中的不情愿时常挂在嘴边。2002年,小刚面临转业或复员,部队按照规定向小刚发放了二十多万元的复员费、自主择业费。小刚经过深思熟虑,决定选择离开成都,回老家发展,这样可以创业和照顾父母两不误,但是妻子杨梅却不同意,心想照顾婆家已经够多的了,还要把下半辈子搭进去,就气上心头,杨梅坚决要求留在成都,最终两口子因达不成共识,杨梅要求离婚,并提出这一大笔复员费全归自己,小刚因埋怨妻子不随自己回去还提出离婚,不同意分给杨梅分文复员费,请问:军人小刚名下的复员费、自主择业费应该如何分配?

● 律师答疑

军人名下的复员费、自主择业费是从入伍时起开始累计的所得,本案中,军人小刚名下的复员费、自主择业费涉及他与妻子杨梅婚姻关系存续六年期间的所得,根据法律规定,丈夫小刚名下的复员费、自主择业费等一次性费用因属于夫妻婚姻关系存续期间累计金额,属于夫妻共同财产,妻子杨梅可以分得夫妻结婚年限乘以复员费、自主择业费年平均值的金额的1/2。

● **法律依据**

《最高人民法院关于适用〈中华人民共和国婚姻法〉若干问题的解释（二）》第十四条　人民法院审理离婚案件，涉及分割发放到军人名下的复员费、自主择业费等一次性费用的，以夫妻婚姻关系存续年限乘以年平均值，所得数额为夫妻共同财产。

前款所称年平均值，是指将发放到军人名下的上述费用总额按具体年限均分得出的数额。其具体年限为人均寿命七十岁与军人入伍时实际年龄的差额。

6. 婚姻关系存续期间，因一方职务发明受到嘉奖而获得的奖励和报酬是否属于夫妻共同财产，在离婚时能否进行分割？

● **案例简介**

　　1999年，某院科学家魏某与军人郑女士经人介绍相识并结婚，俩人均系再婚，婚后未生育子女。魏某一直从事科研工作，妻子郑女士是一名军人，虽说俩人工资都不算高，但各自的工作都十分繁忙，结婚8年期间，魏某有2项重大发明创造并获得职务发明专利，2007年年末，魏某发明的专利转化成了科技成果，某院当年就获得逾十亿元净利润，并向魏某发给奖励和报酬500万元，不久，魏某以两人志不同、道不合为由，提出与军人郑女士离婚，并对郑女士说，你对家庭也没作什么贡献，这钱也与你无关，但出于夫妻一场的考虑，他会比照雇用家庭保姆费略高一些补偿给郑女士40万元，郑女士表示离婚可以，但魏某必须分给自己一半所得，这些年魏某之所以能安心工作并作出重大发明创造，离不开自己对丈夫的大力支持和对后方生活的照顾。请问：郑女士能否分得丈夫的该奖励和报酬金？

● **律师答疑**

　　军人郑女士依法可以分得婚姻关系存续期间丈夫魏某所得奖金和知识产权收益的一半。因为，婚姻法规定，夫妻在婚姻关系存续期间所得的工资、奖金；生产、经营的收益；知识产权的收益等财产归夫妻共同所有。科学家魏某所得奖金和职务发明创造的报酬属于知识产权的收益,依法应当归夫妻共同所有。因此,魏某以自己的发明创造所得与妻子无关、比照雇用家庭保姆费用略高一些补偿妻子的说法和做法是没有法律根据的。

● **法律依据**

《中华人民共和国婚姻法》第十七条 【夫妻共有财产】夫妻在婚姻关系存续期间所得的下列财产,归夫妻共同所有:

(一)工资、奖金;

(二)生产、经营的收益;

(三)知识产权的收益;

(四)继承或赠与所得的财产,但本法第十八条第(三)项规定的除外;

(五)其他应当归共同所有的财产。

夫妻对共同所有的财产,有平等的处理权。

7. 一方所持有的公司股份，在离婚时可以分配吗？

● **案例简介**

　　1996年，汪某与军人范某结婚时，还只是一名月入千元的普通公务员，婚后夫妻俩商量决定让丈夫汪某下海，借市场经济的东风博一下，如果不成功，靠着妻子的固定收入也还能勉强维持生活。汪某靠着自己的聪明才智很快捞到了第一桶金，接下来开始钱生钱、钱赚钱，进行多方投资。在众多投资中，汪某2005年买的某只股票到2007年翻了十倍，汪某也从百万富翁跃升为千万富翁，2009年的汪某已是能呼风唤雨的一方人物，追求者自然也不乏其人。正可谓人世间共患难易，共富贵难，汪某很快有了小三。在小三的威逼下，汪某向妻子范某提出了离婚。范某此时已经对其心灰意冷，只有同意离婚，但是现在双方就汪某现持有的股份是否能进行分配，如何分配发生分歧，故来请教律师。

● **律师答疑**

　　汪某持有的某金融投资公司股份可以按市值协商分配或依法平均分配，如果该投资属于未上市股份有限公司股份时，双方又协商不成或按市价分配有困难的，可以根据数量按比例分配。法律规定，夫妻离婚时，家庭共同财产分配应当照顾女方和子女利益，并应照顾无过错一方的利益。

● **法律依据**

《最高人民法院关于适用〈中华人民共和国婚姻法〉若干问题的解释（二）》第十五条　夫妻双方分割共同财产中的股票、债券、投资基金份额等有价证券以及未上市股份有限公司股份时，协商不成或者按市价分配有困难的，人民法院可以根据数量按比例分配。

8. 婚后由一方父母出资为子女购买的不动产,可以认定为夫妻共同财产吗?

● **案例简介**

2002年10月,军人王梓与芳群登记结婚。夫妻俩在职场上都算是新人,俩人没能分到福利房,婚后只能租房。2004年年末,芳群母亲拿出毕生积蓄22万元,买了一套90平方米的两居室,并登记在女儿芳群名下。由于所购房屋地段、品质俱佳,又赶上房屋迅速升值,到2007年,该房产市场价格已经涨至260万元。请问:芳群母亲为女儿婚后全资购买的该房产,属于王梓和芳群的夫妻共同财产吗?

● **律师答疑**

该房产不能认定为夫妻共同财产。由于芳群母亲全额出资购买的不动产,产权登记在自己女儿名下,并未明确表示是对其夫妻双方的赠与,根据法律明文规定,婚后由一方父母出资为子女购买的不动产,产权登记在出资人子女名下的,视为只对自己子女一方的赠与,该不动产应认定为夫妻一方的个人财产。因此,军人王梓依法无权分得该房屋所有权。但是,双方另有约定的除外。

● **法律依据**

《最高人民法院关于适用〈中华人民共和国婚姻法〉若干问题的解释(三)》第七条 婚后由一方父母出资为子女购买的不动产,产权登记在出资人子女名下的,可按照婚姻法第十八条第(三)项的规定,视为只对自己子女一方的赠与,该不动产应认定为夫妻一方的个人财产。

由双方父母出资购买的不动产,产权登记在一方子女名下的,该不动产可认定为双方按照各自父母的出资份额按份共有,但当事人另有约定的除外。

9. 夫妻一方个人财产在婚后产生的收益，是否属于夫妻共同财产？

● **案例简介**

2009年，王某与军人许某结婚时，王某有两套商品房和100万元存款，婚后夫妻俩将一套房产出租，另一套自住，并将100万元做投资理财，房屋出租每月租金净收入4 000元，投资理财收入不固定。截至2012年年初，王某的个人财产在婚后产生的租金和投资收益翻了两番，净赚200万元。请问：该200万元财产，军人许某具有所有权吗？或是仍然应认定为王某的个人财产？

● **律师答疑**

王某利用婚前个人房产出租和个人存款投资产生的收益，应当认定为夫妻共同财产。王某的房屋出租行为和投资理财行为以及由该行为直接产生的收益均发生在婚后，根据法律规定，夫妻一方个人财产在婚后产生的收益，除孳息和自然增值外，应认定为夫妻共同财产。因此，该200万元财产属于夫妻共同财产，军人许某具有所有权和平等的财产处理权。但是，王某婚前个人存款产生的利息和房屋自然增值产生的利益依法仍属其个人财产。

● **法律依据**

《最高人民法院关于适用〈中华人民共和国婚姻法〉若干问题的解释（三）》第五条　夫妻一方个人财产在婚后产生的收益，除孳息和自然增值外，应认定为夫妻共同财产。

10. 一方婚前贷款购买的房产，配偶一方对该房产享有财产权益吗？

● **案例简介**

吴某系某私营企业老板，2006年年初，吴某购买了坐落于市中心地段126平方米的商品房一套，价格180万元。吴某为了留足经营资本，利用自有资金支付首付款100万元并向银行贷款80万元，月供6 000元。2006年年底吴某与军人杨某登记结婚，婚后吴某仍用自己的经营收入还贷。请问：军人杨某对丈夫吴某婚前购买的该商品房享有财产权益吗？

● **律师答疑**

军人杨某对丈夫婚前购买的126平方米的商品房享有贷款部分房产价值增值部分的所有权。根据法律规定，夫妻一方婚前签订不动产买卖合同，以个人财产支付首付款并在银行贷款，婚后用夫妻共同财产还贷，双方婚后共同还贷支付的款项及其相对应财产增值部分，由产权登记一方对另一方进行补偿。双方协商不成时，人民法院根据财产的具体情况，本着照顾子女和女方权益的原则判决。本案中，虽然吴某婚后仍用自己的经营收入还贷，由于吴某婚后的经营收入依法属于夫妻共同所有，因此，吴某该还款行为，应当认定为用夫妻共同财产还贷的行为。

● **法律依据**

《最高人民法院关于适用〈中华人民共和国婚姻法〉若干问题的解释（三）》第十条 夫妻一方婚前签订不动产买卖合同，以个人财产支付首付款并在银行贷款，婚后用夫妻共同财产还贷，不动产登记于首付款支付方名下的，离婚时该不动产由双方协议处理。

依前款规定不能达成协议的,人民法院可以判决该不动产归产权登记一方,尚未归还的贷款为产权登记一方的个人债务。双方婚后共同还贷支付的款项及其相对应财产增值部分,离婚时应根据《婚姻法》第三十九条第一款规定的原则,由产权登记一方对另一方进行补偿。

11. 夫妻出资为一方父母购房，产权登记在一方父母名下的，离婚时该房屋能否作为夫妻共同财产进行分割？

● **案例简介**

1999年，军人小张与小杨结婚，仅3年时间夫妻俩就共同积攒了存款70多万元。这时恰逢小张父亲老张单位"房改房"买卖政策出台，老两口多次在儿子儿媳面前唠叨要买"房改房"，可他们自己全部的积蓄加起来还远远不够。所以小张和小杨经过商议，决定拿出20万元资助父亲购房，房屋最后登记在了老张的名下。两年后，小杨以夫妻二人性格不和、感情已彻底破裂为由要求离婚，并提出分割老张名下的该房屋。请问：小杨可以分得该"房改房"吗？

● **律师答疑**

小杨对该房屋依法不享有所有权，不能分得该房屋。但是，对于他们用夫妻共同财产出资购买的以父亲老张名义参加房改的该套房屋，对于该出资款，可以作为借贷债权处理。

● **法律依据**

《最高人民法院关于适用〈中华人民共和国婚姻法〉若干问题的解释（三）》第十二条　婚姻关系存续期间，双方用夫妻共同财产出资购买以一方父母名义参加房改的房屋，产权登记在一方父母名下，离婚时另一方主张按照夫妻共同财产对该房屋进行分割的，人民法院不予以支持。购买该房屋时的出资，可以作为债权处理。

12. 军人一方要求离婚时，有权分割另一方养老金账户中的保险费吗？

● **案例简介**

赵女士是某央企高管，月收入颇丰，每月按标准工资比例的三倍支付养老保险费。2000年，赵女士与军人周某自由恋爱结婚。结婚后，由于俩人都生性好强，常常为家庭琐事发生争吵，有时甚至大打出手。有一次，赵女士到部队里哭闹，向周某的领导哭诉并告状，声称周某有外遇，周某觉得颜面尽失，故决意要与赵女士离婚，双方无其他夫妻共同财产，但是周某提出要求分割赵某的养老保险费，赵女士不同意。请问：周某有权分得妻子赵女士养老金账户中的保险费吗？

● **律师答疑**

周某对于与妻子赵女士于婚姻关系存续期间个人实际缴付的养老保险费部分，有权作为夫妻共同财产要求分割。但是，离婚时如果赵女士尚未退休、不符合领取养老保险金条件的，军人老周无权请求按照夫妻共同财产分割赵女士的养老保险金，此处注意养老保险费和养老保险金的区别。

● **法律依据**

《最高人民法院关于适用〈中华人民共和国婚姻法〉若干问题的解释（三）》第十三条　离婚时夫妻一方尚未退休、不符合领取养老保险金条件，另一方请求按照夫妻共同财产分割养老保险金的，人民法院不予以支持；婚后以夫妻共同财产缴付养老保险费，离婚时一方主张将养老金账户中婚姻关系存续期间个人实际缴付部分作为夫妻共同财产分割的，人民法院应予以支持。

13. 夫妻双方达成以协议离婚为条件的财产分割协议，一方反悔的，应当如何认定？

● **案例简介**

2006年，郭小姐和军人张某结婚4年了，未生育子女。双方性格不合，经常为琐事发生争吵，久而久之，俩人感情日益淡薄，故双方均同意离婚，并签订了如下离婚协议，约定：①郭小姐和张某自愿登记离婚；②家庭财产：坐落于某小区一套95平方米的商品房归张某所有，"捷达"牌轿车一辆归郭小姐所有，该约定以办理登记离婚为条件。后来，郭小姐以当时在财产分割方面没有想清楚，要求重新修改离婚协议，否则不同意办理离婚手续。请问：郭小姐反悔了，该财产分割协议应当如何认定？

● **律师答疑**

张某和郭小姐双方作出关于财产分割的约定，没有生效，不具有法律约束力，因此，如果双方离婚，法院将本着照顾无过错一方和照顾女方和子女利益的原则，对双方财产依法进行分割。根据法律规定，当事人达成的以登记离婚为条件的财产分割协议，如果双方协议离婚未成，一方在离婚诉讼中反悔的，人民法院应当认定该财产分割协议没有生效，并根据实际情况依法对夫妻共同财产进行分割。

● **法律依据**

《最高人民法院关于适用〈中华人民共和国婚姻法〉若干问题的解

释（三）》 第十四条 当事人达成的以登记离婚或者到人民法院协议离婚为条件的财产分割协议，如果双方协议离婚未成，一方在离婚诉讼中反悔的，人民法院应当认定该财产分割协议没有生效，并根据实际情况依法对夫妻共同财产进行分割。

14. 离婚时，在继承人之间尚未实际分割的遗产应当怎么处理？

● **案例简介**

王女士和军人虢某结婚7年来，夫妻感情一直不和，甚至多次大打出手，双方实在已无法共同生活，王女士经常口头上说要与丈夫离婚，但从未正式向法院提出。后虢某忍无可忍，一纸诉状先起诉到了法院。王女士表示，离婚可以，但虢某父亲病故后遗留下了一大笔财产，其应当分得虢某应得份额的二分之一，而由于虢某及全家人都还沉浸在悲痛中，该遗产尚未进行分割。请问：此时，王女士可以分得丈夫虢某应当继承父亲的遗产部分吗？

● **律师答疑**

本案中，双方离婚时，王女士暂时还不能分得虢某依法可以继承的遗产，其须在虢某实际分割遗产后协商处理或另行起诉。根据法律规定，婚姻关系存续期间，夫妻一方作为继承人依法可以继承的遗产，在继承人之间尚未实际分割，起诉离婚时另一方请求分割的，人民法院应当告知当事人在继承人之间实际分割遗产后另行起诉。

● **法律依据**

《最高人民法院关于适用〈中华人民共和国婚姻法〉若干问题的解释（三）》第十五条 婚姻关系存续期间，夫妻一方作为继承人依法可以继承的遗产，在继承人之间尚未实际分割，起诉离婚时另一方请求分割的，人民法院应当告知当事人在继承人之间实际分割遗产后另行起诉。

15. 以夫妻共同财产出借给一方从事个人经营活动或用于其他个人事务的，对于双方的借款协议，依法如何认定？

● **案例简介**

章小姐和军人余勇结婚后，双方订立借款协议，约定"以夫妻共同财产出借给章小姐从事个体军品劳保服装经营活动，盈利和亏损均由章小姐承担，与余勇无关"，后来因章小姐经营亏损。请问：如果双方离婚，章小姐与丈夫余勇之间的借款协议，将如何认定？

● **律师答疑**

该借款协议合法有效，双方离婚时可按照借款协议的约定处理。因双方约定"以夫妻共同财产出借给章小姐一方从事个体经营活动"，属于双方约定处分夫妻共同财产的行为，依法有效。根据法律规定，夫妻之间订立借款协议，以夫妻共同财产出借给一方从事个人经营活动或用于其他个人事务的，应视为双方约定处分夫妻共同财产的行为，离婚时可按照借款协议的约定处理。

● **法律依据**

《最高人民法院关于适用〈中华人民共和国婚姻法〉若干问题的解释（三）》第十六条　夫妻之间订立借款协议，以夫妻共同财产出借给一方从事个人经营活动或用于其他个人事务的，应视为双方约定处分夫妻共同财产的行为，离婚时可按照借款协议的约定处理。

16. 婚姻关系存续期间，一方有隐藏、转移、变卖夫妻共同财产、伪造夫妻共同债务行为的，另一方有权请求分割夫妻共同财产吗？

● 案例简介

2008年8月8日，军人祝女士和富商之子梁少喜结良缘，大家都说祝女士嫁入了豪门，可有福享了。殊不知，婚后不久，梁少父亲因经济犯罪被捕，梁家产业一落千丈。而梁少由于是富二代，平日花钱大手大脚惯了，还喜欢光顾澳门赌场，总是一掷千金，但都是输多赢少。为了撑面子，梁少偷偷将夫妻共同存款汇往境外，将父亲赠与夫妻双方的昂贵的传家宝变卖，后被祝女士发现，经多次劝阻，梁少仍不思悔改，对此祝女士十分无奈，她觉得对梁少尚有夫妻感情，但是又想制止他这种行为，因此想问：如不提出离婚，可以请求分割夫妻共同财产吗？

● 律师答疑

本案中，祝小姐可以请求分割夫妻共同财产。虽然我国法律规定，婚姻关系存续期间，夫妻一方请求分割共同财产的，人民法院不予以支持。但是，法律作出了相关规定"一方有隐藏、转移、变卖、毁损、挥霍夫妻共同财产或者伪造夫妻共同债务等严重损害夫妻共同财产利益行为的"等重大理由且不损害债权人利益的除外。因此，祝小姐不起诉离婚，仅请求分割夫妻共同财产时，将可以得到法律支持。

● **法律依据**

《最高人民法院关于适用〈中华人民共和国婚姻法〉若干问题的解释（三）》第四条　婚姻关系存续期间，夫妻一方请求分割共同财产的，人民法院不予以支持，但有下列重大理由且不损害债权人利益的除外：

（一）一方有隐藏、转移、变卖、毁损、挥霍夫妻共同财产或者伪造夫妻共同债务等严重损害夫妻共同财产利益行为的；

（二）一方负有法定扶养义务的人患重大疾病需要医治，另一方不同意支付相关医疗费用的。

17. 夫妻可以约定婚前财产归各自所有、婚姻关系存续期间所得的财产部分各自所有、部分共同所有吗？

● **案例简介**

2001年，李戴玉和军人常冠结婚时，正逢我国现行婚姻法颁布实施，前卫的两个人都跃跃欲试新婚姻法对夫妻财产的规定，于是，夫妻俩郑重地签订了一个书面协议，约定："①婚前财产归各自所有；②婚姻关系存续期间所得的财产：各自所得归各自所有，家庭共同所得超过10万元以外的部分归共同所有、10万元以内的部分归财产来源一方（例如：谁继承的财产归谁，自己单位发放的奖金福利归自己，等等）"。请问：该约定是否合法、有效？

● **律师答疑**

该约定合法、有效，对双方均具有法律约束力。由于李戴玉和常冠对婚前各自的财产和婚后共同财产作出了明确的约定，且签订了书面协议，并不违反我国法律规定。根据法律规定，夫妻可以约定婚姻关系存续期间所得的财产以及婚前财产归各自所有、共同所有或部分各自所有、部分共同所有。约定应当采用书面形式。

● **法律依据**

《中华人民共和国婚姻法》第十九条　夫妻可以约定婚姻关系存续期间所得的财产以及婚前财产归各自所有、共同所有或部分各自所有、部分共同所有。约定应当采用书面形式。没有约定或约定不明确的，适用本法第十七条、第十八条的规定。

夫妻对婚姻关系存续期间所得的财产以及婚前财产的约定，对双方具有约束力。

夫妻对婚姻关系存续期间所得的财产约定归各自所有的，夫或妻一方对外所负的债务，第三人知道该约定的，以夫或妻一方所有的财产清偿。

18. 女方婚内受到丈夫的家庭暴力，应怎样维护自己的合法权益?

● **案例简介**

军人姚老先生之子姚某与外地女子李某结婚，婚后生育一女。由于姚某酗酒，酒后常因琐事便对李某大打出手，经居委会和片区民警多次劝解和教育，姚某仍不思悔改，还辩称是李某犟嘴才打她的。现在，李某又被姚某打伤，这次经鉴定已构成轻伤（偏重）。请问：在这种情况下，李某该怎样维护自己的权益？

● **律师答疑**

李某因丈夫姚某实施家庭暴力，虽姚某多次经居委会和民警多次劝阻和教育无效，且现李某已构成轻伤，姚某的行为已触犯刑法，故依法应当追究刑事责任。受害人李某可以向人民法院自诉或向公安机关报案。如果李某提出离婚，可以同时请求姚某给予物质损害赔偿和精神损害赔偿，或在离婚后一年内提出双重损害赔偿，姚某不因承担刑事责任而免除赔偿责任。

根据法律规定，实施家庭暴力导致离婚的，无过错方有权请求损害赔偿。损害赔偿包括物质损害赔偿和精神损害赔偿。家庭暴力受害人请求精神损害赔偿的，无论家庭暴力行为人是否已受到行政处罚或被追究刑事责任。

● **法律依据**

《中华人民共和国婚姻法》第四十五条　对重婚的，对实施家庭暴力或虐待、遗弃家庭成员构成犯罪的，依法追究刑事责任。受害人可以依照刑事诉讼法的有关规定,向人民法院自诉;公安机关应当依法侦查,人民检察院应当依法提起公诉。

《中华人民共和国婚姻法》第四十六条 有下列情形之一,导致离婚的,无过错方有权请求损害赔偿:

(一)重婚的;

(二)有配偶者与他人同居的;

(三)实施家庭暴力的;

(四)虐待、遗弃家庭成员的。

《最高人民法院关于适用〈中华人民共和国婚姻法〉若干问题的解释(一)》第二十八条 婚姻法第四十六条规定的'损害赔偿',包括物质损害赔偿和精神损害赔偿。涉及精神损害赔偿的,适用最高人民法院《关于确定民事侵权精神损害赔偿责任若干问题的解释》的有关规定。

第二十九条 承担婚姻法第四十六条规定的损害赔偿责任的主体,为离婚诉讼当事人中无过错方的配偶。

人民法院判决不准离婚的案件,对于当事人基于婚姻法第四十六条提出的损害赔偿请求,不予支持。

在婚姻关系存续期间,当事人不起诉离婚而单独依据该条规定提起损害赔偿请求的,人民法院不予受理。

第三十条 人民法院受理离婚案件时,应当将婚姻法第四十六条等规定中当事人的有关权利义务,书面告知当事人。在适用婚姻法第四十六条时,应当区分以下不同情况:

(一)符合婚姻法第四十六条规定的无过错方作为原告基于该条规定向人民法院提起损害赔偿请求的,必须在离婚诉讼的同时提出。

(二)符合婚姻法第四十六条规定的无过错方作为被告的离婚诉讼案件,如果被告不同意离婚也不基于该条规定提起损害赔偿请求的,可以在离婚后一年内就此单独提起诉讼。

(三)无过错方作为被告的离婚诉讼案件,一审时被告未基于婚姻法第四十六条规定提出损害赔偿请求,二审期间提出的,人民法院应当进行调解,调解不成的,告知当事人在离婚后一年内另行起诉。

《最高人民法院关于适用〈中华人民共和国婚姻法〉若干问题的解释(二)》第二十七条 当事人在婚姻登记机关办理离婚登记手续后,以婚姻法第四十六条规定为由向人民法院提出损害赔偿请求的,人民法院应当受理。但当事人在协议离婚时已经明确表示放弃该项请求,或者在办理离婚登记手续一年后提出的,不予支持。

第五十九条 家庭暴力受害人请求精神损害赔偿的,无论家庭暴力行为人是否已受到行政处罚或被追究刑事责任,人民法院均应当依据《中华人民共和国婚姻法》第四十六条相关规定予以支持。

19. 女方在分娩后不到一年、中止妊娠后不到六个月的情况下，男方可以提出离婚吗？

● **案例简介**

2008年9月，军人胡某与宗某结婚。2009年10月1日，宗某产下一子，次年6月又小产。2010年8月胡某以宗某没有文化，双方系父母包办的婚姻，二人婚后兴趣不相投、感情不和等理由，坚决要求离婚，起诉到了法院。请问：胡某在妻子宗某分娩后不到一年、中止妊娠后才两月的情形下，可以提出离婚吗？

● **律师答疑**

军人胡某不得提出离婚。我国婚姻法虽然对军婚作出了保护军人一方的明确规定，但是同时对女方在怀孕期间、分娩后或中止妊娠等情形时，作出了保护性规定。法律规定，夫妻之间有相互扶助的义务。由于妻子宗某分娩不到一年且中止妊娠又不到半年时间，法律规定，女方在怀孕期间、分娩后一年内或中止妊娠后六个月内，男方不得提出离婚。女方提出离婚的，或人民法院认为确有必要受理男方离婚请求的，不在此限。

● **法律依据**

《中华人民共和国婚姻法》第三十四条　女方在怀孕期间、分娩后一年内或中止妊娠后六个月内，男方不得提出离婚。女方提出离婚的，或人民法院认为确有必要受理男方离婚请求的，不在此限。

20. 离婚时子女判给一方抚养，另一方未抚养的，其与子女就断绝关系了吗？

● 案例简介

2010年，军人梁某和军人徐某结婚，婚后徐某生育一女儿，女儿现已3岁。由于梁某日常工作十分繁忙，根本无暇照顾家庭，经常几个月都不回家，对徐某的关心更是少之又少，渐渐地双方矛盾增加，徐某对梁某逐渐心灰意冷，最后终于向梁某提出离婚，并提出女儿归自己抚养，梁某表示同意，但是同时又担心自己与女儿的关系，于是想问：如果女儿由另一方抚养，他与女儿的关系是否有变化？还有什么权利义务？

● 律师答疑

即便梁某与徐某离婚，孩子归徐某抚养，但是梁某与女儿之间的父女关系不会因此消除。

法律规定，离婚后，子女无论由父或母一方直接抚养的，仍是父母双方的子女，父母对子女仍有抚养和教育的权利和义务，子女对父母双方仍有赡养义务等。一方抚养的子女，另一方应负担必要的生活费和教育费的一部分或全部。离婚后，不直接抚养子女的父或母，有探望子女的权利，另一方有协助的义务。但是，父或母探望子女，不利于子女身心健康的，由人民法院依法中止探望的权利；中止的事由消失后，应当恢复探望的权利。

● 法律依据

《中华人民共和国婚姻法》第三十六条　父母与子女间的关系，不因父母离婚而消除。离婚后，子女无论由父或母直接抚养，仍是父母双方的子女。

离婚后，父母对于子女仍有抚养和教育的权利和义务。

第三十七条　离婚后，一方抚养的子女，另一方应负担必要的生活费和教育费的一部分或全部，负担费用的多少和期限的长短，由双方协议；协议不成时，由人民法院判决。

关于子女生活费和教育费的协议或判决，不妨碍子女在必要时向父母任何一方提出超过协议或判决原定数额的合理要求。

第三十八条　离婚后，不直接抚养子女的父或母，有探望子女的权利，另一方有协助的义务。

行使探望权利的方式、时间由当事人协议；协议不成时，由人民法院判决。

父或母探望子女，不利于子女身心健康的，由人民法院依法中止探望的权利；中止的事由消失后，应当恢复探望的权利。

21. 离婚时，如一方生活困难，另一方有义务给予帮助吗？

● **案例简介**

军人何某与军人马某因工资收入不高，家庭负担重，结婚十年经济状况仍没有大幅改善。后夫妻两人商议，决定由妻子何某转业自谋职业，下海经商，两人将全部积蓄30余万元都拿了出来。可是没想到不到2年，就全部亏损一空。马某本以为可以赚得盆满钵满的，但是没想到竟然连之前十年的积蓄也都赔了进去，他越想越生气，把所有责任都推到了妻子何某身上，认为都是因为何某自身无能造成的，因此向何某提出了离婚。但是此时何某已经没有任何财产也没有任何收入来源，双方也只有马某婚前继承的父母房产一套。请问：离婚时，对于生活困难的何某一方，马某有义务给予帮助吗？

● **律师答疑**

军人马某应当从其住房等个人财产中给予生活困难的妻子何某适当经济帮助。离婚时，因何某没有任何收入来源，又没有夫妻共同财产，显然已无法维持当地基本生活水平。根据法律规定，离婚时，如一方生活困难，另一方应从其住房等个人财产中给予适当帮助。"一方生活困难"，是指依靠个人财产和离婚时分得的财产无法维持当地基本生活水平。一方离婚后没有住处的，属于生活困难。法律还规定，离婚时，一方以个人财产中的住房对生活困难者进行帮助的形式，可以是房屋的居住权或者房屋的所有权。

● **法律依据**

《中华人民共和国婚姻法》第四十二条　离婚时具体办法由双方协议；协议不成时，由人民法院判决。

《最高人民法院关于适用〈中华人民共和国婚姻法〉若干问题的解释（一）》第二十七条　婚姻法第四十二条所称"一方生活困难"，是指依靠个人财产和离婚时分得的财产无法维持当地基本生活水平。

一方离婚后没有住处的，属于生活困难。

离婚时，一方以个人财产中的住房对生活困难者进行帮助的形式，可以是房屋的居住权或者房屋的所有权。

第四篇
市场活动篇

1. 农村村民与城市居民之间的宅基地房屋买卖是否有效？

● **案例简介**

北京的战士小李遇到这样一个问题咨询值班律师：1997年8月4日，农村村民甲和城市居民乙经人介绍，本着自愿、平等、真实的意思表示签订了《买卖房屋草契》，约定乙购买甲的宅基地房屋，该草契经该村村委会盖章予以认可。双方依照约定履行了该合同，甲向乙交付了宅基地。1998年4月乙将原房屋翻建并一直居住至今。2012年，该村拆迁通知发出后，甲依据国务院《关于加强土地转让管理严禁炒卖土地的通知》"农民的住宅不得向城市居民出售"、《合同法》"违反法律、行政法规的强制性规定合同无效"和《土地管理法》等规定，以乙为城市居民、无权购买农村宅基地房屋为由，主张房屋买卖协议无效，向人民法院提起诉讼。

● **律师答疑**

甲乙双方虽然签订了《买卖房屋草契》，经村委会盖章认可，甲方交付了宅基地，乙方也占有该房屋，对房屋进行了翻建，居住达14年之久，但甲方、乙方上述买卖行为违反了《中华人民共和国土地管理法》第六十三条的规定，应认定为无效；乙方应将上述宅基地返还给甲方，乙方翻建房屋所发生的损失，由甲方给予补偿。

依据法律规定，农村宅基地属集体所有，村民对宅基地只有使用权，农民将房屋卖给城市居民的买卖行为不受法律保护，即不能办理土地使用证、房产证、契税证等合法手续。

民事活动必须遵守法律，法律没有规定的，应当遵守国家政策。《国务院办公厅关于加强土地转让管理严禁炒卖土地的通知》第2条进一步指出，"农民的住宅不得向城市居民出售，也不得批准城市居民占用农民集体土地建住宅，有关部门不得为违法建造和购买的住宅发放土地使用证和房产证。"

农民经有关部门批准建造住宅，对宅基地只有使用权，宅基地的所有权归集体所有。《土地法》规定，宅基地的使用权不得出让，甲方、乙方之间买卖房屋，必然涉及宅基地的买卖，甲乙双方签订的《买卖房屋草契》不受法律保护。依据我国《合同法》五十二条的规定，违反法律、法规强制性规定的合同无效。合同无效后，因合同取得的财产，应当予以返还；不能返还或没有必要返还的，应当折价补偿。乙购买房屋后，对房屋进行了翻建。返还宅基地时，地上的房屋应一并返还。该房屋翻建损失由甲方赔偿乙方。

因此，本案买卖草契签订至今虽已达15年之久，但甲乙的买卖行为违反土地管理法及国家相关政策，该房屋买卖合同无效。

编后注：十八届三中全会召开以后，逐步赋予农民集体土地处置权、抵押权和转让权，允许农村集体土地与国有土地平等进入非农用地市场，形成权利平等、规则统一的公开交易平台。

● **法律依据**

《合同法》第五十二条 有下列情形之一的，合同无效：

（一）一方以欺诈、胁迫的手段订立合同，损害国家利益；

（二）恶意串通，损害国家、集体或者第三人利益；

（三）以合法形式掩盖非法目的；

（四）损害社会公共利益；

（五）违反法律、行政法规的强制性规定。

《土地管理法》第六十三条 农民集体所有的土地的使用权不得出让、转让或者出租用于非农业建设；但是，符合土地利用总体规划并依法取得建设用地的企业，因破产、兼并等情形致使土地使用权依法发生转移的除外。

2. 机动车停放在商场地下收费停车场被撬丢失财物，商场应否赔偿损失？

● 案例简介

2011年12月，卢先生和将要参军入伍的儿子小卢去某商场购物，将车停在了该商场的地下收费停车场。购物后回到停车场开车时，发现车门被撬坏，放在车里的电脑包丢失，包内有笔记本电脑和iPad各一部，及现金若干。卢先生遂找到商场要求赔偿其修理车门的费用和丢失的电脑等物品损失。商场则称卢先生车门被撬及车内物品丢失系盗窃所致，应向公安机关报案，商场并无责任赔偿。请问卢先生是否可以要求商场赔偿损失？

● 律师答疑

卢先生将车停放在商场的收费停车场，和商场之间形成有偿的车辆保管合同关系，商场应承担因未尽到妥善保管义务而使车辆遭受损失的损害赔偿责任。因此，根据《中华人民共和国合同法》的规定，商场应赔偿卢先生的上述损失，包括修车的费用以及因车辆送修期间产生的误工等费用。但卢先生在停车时，并未将车内物品的具体情况告知商场，不能认定和商场之间建立了电脑包的保管合同关系，故因电脑包被盗而遭受的损失不在商场赔偿范围之内。

● 法律依据

《中华人民共和国合同法》第三百七十四条　保管期间，因保管人保管不善造成保管物毁损、灭失的，保管人应当承担损害赔偿责任，但保管是无偿的，保管人证明自己没有重大过失的，不承担损害赔偿责任。

3. 购买拼装车后发生交通事故致人受伤的，应如何承担赔偿责任？

● **案例简介**

战士小马的表哥张先生因开超市，急需购买一辆机动车拉货，为图便宜省事，就在当地一家汽车修理厂买了一辆。后在拉货运输途中发生了交通事故，将一骑车行人撞伤，共花医疗费、住院费等5 000多元，张先生垫付了相关费用。经交通部门鉴定，张先生购买的机动车系汽车修理厂拼装的，发动机等主要部件都来源于回收的报废车辆，拼装后卖给了不知情的张先生。交通部门认定张先生应对该起事故负全部责任，并对该拼装车进行了收缴。张先生认为汽车修理厂将拼装的报废车辆出售给他，应赔偿其在该起交通事故中所遭受的损失。请问汽车修理厂是否需要承担责任？

● **律师答疑**

汽车修理厂应当就该起交通事故中因撞伤行人所产生的医疗费用等与张先生承担连带责任。由于张先生事先并不知道是拼装车而购买的，所以如果张先生先行赔付了，可以再向汽车修理厂追偿。

拼装车一般是用报废的发动机等汽车部件组装而成，这类车根本不能达到应有的安全技术标准，上路行驶无疑会存在巨大的事故隐患，且拼装机动车这一行为本身就是违法的。根据《中华人民共和国侵权责任法》规定，以买卖等方式转让拼装或者已达到报废标准的机动车，发生交通事故造成损害的，由转让人和受让人承担连带责任。同时《道路交通安全法》规定，驾驶拼装的机动车或者已达到报废标准的机动车上道行驶的，公安机关交通管理部门应当予以收缴，强制报废。

● **法律依据**

《中华人民共和国侵权责任法》第五十一条 以买卖等方式转让拼装或者已达到报废标准的机动车，发生交通事故造成损害的，由转让人和受让人承担连带责任。

《中华人民共和国道路交通安全法》第一百条 驾驶拼装的机动车或者已达到报废标准的机动车上道路行驶的，公安机关交通管理部门应当予以收缴，强制报废。

4. 买房人不按时偿还银行贷款，银行是否有权解除抵押贷款合同？

● **案例简介**

战士小何这几天很发愁：他的父亲老何于2009年通过抵押贷款的方式从银行贷款购买了一套房屋。开始老何都按时还贷，后由于物价上涨等多方面因素，老何的经济越来越紧张，渐渐感到还贷压力倍增。到2011年年底，老何已无力还贷。在老何连续9个月未支付房贷的情况下，银行根据贷款合同中关于借款人不能履行还贷义务时的约定将其告上法庭，要求解除与老何签订的贷款合同，并要求对老何抵押的房屋享有优先受偿权。请问银行的诉请能否得到支持？

● **律师答疑**

银行的诉请是正当合法的，可以得到支持。其实这种情况时有发生，一旦买房人无法如期偿还贷款，则将承担相关的法律和经济责任。首先，在本案中，贷款合同签订后，银行依约向老何发放了贷款，老何应该按合同约定还贷。其连续9个还款期均未按时偿还贷款本息已构成违约，在此情况下，银行有权根据合同约定和法律规定要求解除合同。其次，优先受偿权是法律规定的特定债权人优先于其他债权人甚至优先于其他物权人受偿的权利。本案中，如果老何无法偿还房贷，则法院将对该套房屋进行评估拍卖，其中涉及的诉讼费、执行费、拍卖费、评估费、公告费等额外费用都要从拍卖所得中扣除，并扣除银行方面需要偿还的部分，剩下的才归老何所有。而根据《拍卖法》的相关规定，拍卖价格与市场交易价格会有所不同，这将很可能给买房人造成不小的实际损失。因此，一旦老何的房屋真的被拍卖，则其损失可谓惨重！

● **法律依据**

《中华人民共和国合同法》第九十四条 有下列情形之一的，当事人可以解除合同：

（一）因不可抗力致使不能实现合同目的；

（二）在履行期限届满之前，当事人一方明确表示或者以自己的行为表明不履行主要债务；

（三）当事人一方迟延履行主要债务，经催告后在合理期限内仍未履行；

（四）当事人一方迟延履行债务或者有其他违约行为致使不能实现合同目的；

（五）法律规定的其他情形。

5. 租赁库房漏水导致损失的，物业公司是否应当承担赔偿责任？

● **案例简介**

2012年1月，战士小刘的哥哥刘某与韩某签订了一份租赁合同，约定刘某将某小区地下一层的房屋出租给韩某作为库房。同年2月，天气寒冷，因库房上方的通风井开放，导致库房内小区共用的自来水管阀门冻裂，发生严重漏水，韩某存放于库房内价值约30万元的货物损坏。之后，小区物业公司对自来水管进行了维修。

韩某认为，刘某和物业公司未对房屋内共用自来水管采取任何防冻措施，是造成事故发生的根本原因，二者理应对其损失承担责任。因三方就赔偿事宜协商未果，韩某最终将刘某和物业公司诉至人民法院。小刘想替哥哥问问：韩某的货物损失应由谁承担赔偿责任？

● **律师答疑**

冻裂的自来水管是保障小区业主共同的用水需要，属于物业公司日常维护、养护的共用部位、共有设施设备范围，该设施虽然安装在刘某出租的房屋内，但不能免除物业公司对其养护、维护的义务。物业公司作为小区的物业管理人，未能全面履行对小区公共区域内设施设备的及时维修、养护以及公共建筑区域安全隐患的合理注意义务，致使小区居民共用的自来水管阀门冻裂漏水，并造成韩某货物损坏，故物业公司应对韩某由此遭受的财产损失承担主要赔偿责任；同时，鉴于涉案房屋是由韩某实际使用控制，韩某未能及时发现漏水，对其财产损失的扩大亦负有一定责任。

● **法律依据**

《物业管理条例》第三十六条 物业服务企业应当按照物业服务合同的约定,提供相应的服务。

物业服务企业未能履行物业服务合同的约定,导致业主人身、财产安全受到损害的,应当依法承担相应的法律责任。

6. 设立公司失败时，因此产生的债务应如何承担？

● **案例简介**

2009年年初，退伍不久的石某与张某签署合作协议，决定组建有限责任公司，共同开发经营小学生体能特训项目。公司注册资本100万元，双方各出资50万元，资金分期缴纳。此后，石某先期出资20万元，并着手进行公司设立的各项事务，并支出房租、办公设备费、差旅费、聘用临时工作人员的劳务费等相关费用4万余元。但张某未按时缴纳出资，同时由于当年流行性病毒感冒爆发等原因，无法举办大规模项目，张某遂提出项目不能举办就没有收益，成立公司的目的不能实现，要求终止双方的合作协议。石某同意终止协议，但提出其已为公司设立先期投入部分精力和资金，要求张某分担前期各项支出，张某拒绝，双方协商未成，石某遂将其起诉至法院，要求张某承担公司未能设立的相应责任。

● **律师答疑**

本案涉及对设立中的公司所产生的债务如何承担的问题。根据《公司法》关于公司成立的程序要件规定，公司成立必须经登记主管机关登记方可成立，其组织机构等相关架构是逐步产生并完善的。石某与张某签订协议共同出资设立有限责任公司，但因张某未能按时出资且要求终止协议而致使公司最终未能设立。由于设立中的公司不具有独立法人人格，石某与张某之间以设立公司为目的而达成的协议，系合伙协议的一种，双方的合伙关系自协议成立并生效时建立。由于公司最终未能成立，在为成立公司而发生的必要债务的承担上应适用《民法通则》中合伙的相关规定，对外承担连带责任，对内按比例或按约定分担。对公司未成立有过错的一方，应根据其过错程度相应承担更多的责任。具体到本案，由于张某未按时出资，且擅自退出致使公司设立失败，存在明显过错，故张某应该在出资比例基础上结合其过错程度承担多部分的民事责任。

● **法律依据**

《中华人民共和国民法通则》第三十五条 合伙的债务，由合伙人按照出资比例或者协议的约定，以各自的财产承担清偿责任。合伙人对合伙的债务承担连带责任，法律另有规定的除外。偿还合伙债务超过自己应当承担数额的合伙人，有权向其他合伙人追偿。

7. 网店"假一赔万"的承诺是否应履行？

● **案例简介**

年轻的武警小叶姑娘在工作之余，热衷于网购。2012年5月，小叶在淘宝天猫商城某旗舰店购买了一条"2012春夏新款欧美条纹真丝欧根纱吊带蓬蓬裙"，该款服装的介绍中表明裙子的材质为真丝，面料主成分含量为91%～95%，除此之外还图文并茂地介绍该裙子为进口欧根纱真丝面料，质量保证，"假一赔万"，并附有详细的真丝欧根纱和化纤欧根纱的对比图，一再表明自己的商品是真丝欧根纱材质。小叶见商品介绍非常详尽，又很中意裙子的款式，便毫不犹豫地买了。让她没想到的是，几天之后裙子到了，但是材质怎么看都不像是真丝欧根纱。小叶进行了简单的手感测试和火烧实验，在确定裙子面料不是真丝的情况下与卖家交涉要求退货和赔偿。此时卖家仍一口咬定商品为"真丝欧根纱"，小叶无奈只得要求天猫商城客服介入处理。根据商城要求，她将裙子送去检测部门进行纤维定性检测，以确认面料中所含纤维成分。2012年6月，该市出入境检验检疫局纺织品检测中心出具了检测报告，表明该商品的面料成分为聚酯纤维及聚酰胺薄膜纤维，真丝含量为0。卖家面对检测机关的报告又辩称商品吊带含有真丝，其他部分面料未承诺含百分百真丝。小叶对于卖家的说法表示不能接受，遂将该旗舰店的注册商家告上了法庭，要求商家退货并履行"假一赔万"的承诺。请问网店是否应履行该承诺？

● **律师答疑**

网店所做的"假一赔万"是自愿的真实意思表示，并不侵害社会和他人利益，也不违反法律的强制性规定，因此应当履行该承诺。小叶与网店之间的买卖合同已经成立、生效并履行，网店出售给买家的商品质量既与其所做宣传不符，也不能实现买家的目的，根据《合同法》的相关规定，网店的注册商家应向买家履行赔偿义务。在此提示，本案中小叶最终能得到赔偿，除了检测机关出具的报告证明商品不符合要求以外，很大程度上也在于小叶保存了相关证据并进行了有效的维权。消费者在网购时，收到商品后应仔细检查，如发现商品与卖家承诺的不一致，应尽量将商品的原包装、标签、标牌、发货单据以及与卖家的聊天记录等保存完整，并尽快与卖家和客服沟通，以便在日后维权时能如实反映真实情况和各自的过错。

● **法律依据**

《中华人民共和国合同法》第一百四十八条 因标的物质量不符合质量要求，致使不能实现合同目的的，买受人可以拒绝接受标的物或者解除合同。买受人拒绝接受标的物或者解除合同的，标的物毁损、灭失的风险由出卖人承担。

8. 商家偷换"实木"概念，是否属于欺诈销售？应否对消费者进行双倍赔偿？

● 案例简介

2011年11月，战士小刘的母亲王女士在某家居馆订购了一套价值约3万元的实木橱柜。安装后，王女士发现橱柜侧面所用材料与面板不一致，与当时《销售合同》约定并不相符，存在欺诈，遂向家居馆提出赔偿要求。家居馆辩称，他们为王女士安装的橱柜不存在质量问题，橱柜箱体板的材料也没有完全实木的，一般是细木工板、刨花板等，且箱体、面板等都是分开计价，3万元价格的实木橱柜就是这样的，王女士的橱柜是符合要求的，故拒绝赔偿。双方协商未果，王女士以家居馆进行欺诈销售为由将家居馆诉至法院。请问家居馆的销售行为是否构成欺诈并需对消费者进行双倍赔偿？

● 律师答疑

家居馆存在欺诈行为，应对消费者进行双倍赔偿。虽然橱柜是由台面、箱体、面板等多个部位组成的，但消费者是基于一个整体购买，而不是购买橱柜中的部分组合部件，家居馆关于橱柜各个部位分开计价的理由不能成立。根据《消费者权益保护法》，经营者故意告知对方虚假情况，或者故意隐瞒真实情况，诱使消费者作出错误意思表示的，可以认定为欺诈行为。经营者提供商品或服务有欺诈行为的，增加赔偿的金额为消费者购买商品的价款或接受服务的费用的一倍。

● **法律依据**

《中华人民共和国消费者权益保护法》第四十九条　商家或者经营者有欺诈行为的，应当按照消费者的要求增加赔偿其受到的损失，应增加赔偿的金额为消费者购买商品的价款或者接受服务的费用的一倍。

9. 股东财产与公司财产混同时，公司债权人的利益如何保护？

● 案例简介

黄某与转业不久的周某共同出资50万元成立了一家有限责任公司，公司设立后，日常经营活动由周某负责，黄某不参与公司经营。在经营过程中，黄某个人与公司共用一个银行账户，并且存在黄某经常挪用公司银行账上的资金供自己个人消费的情况。一年以后，该公司因经营不善，负债35万元，债权人要求黄某偿还公司所欠债务。黄某称公司银行账户上只有不到1万元，按照法律规定，只能以此为限偿还。债权人遂将该公司与黄某共同起诉至法院，黄某辩称，与债权人签署协议的是公司，应该以公司财产偿还债务，自己是公司股东，应承担有限责任。请问其辩解是否正确？

● 律师答疑

公司具有独立的法人地位，但在实践中，这种法人独立地位经常被股东滥用，这涉及一项重要的公司制度——公司法人人格否认制度，也称之为"揭开公司面纱"制度，是指公司股东为逃避法律义务或责任而违反诚实信用原则，滥用法人资格或股东有限责任、致使债权人利益严重受损时，法院有权责令该股东直接向公司债权人履行法律义务，承担法律责任。公司资产与股东财产分离是有限责任公司独立存在的基础，只有在公司资产与股东财产分离的情况下，公司才能以其独立的资产负担其对外债务。本案中的公司在其股东黄某的操纵下，公司其实已经名存实亡，公司资产与黄某财产已经混同，公司只是黄某实现其转移资产的一个工具。由于黄某与公司共用一个银行账户，造成财产混同，公司的盈利与黄某的收益已经一体化，黄某可以利用公司实现其随意将公司资产转移为个人财产的目的，而公司的对外债务依然由公司负担，但公司实际上已经没有独立的资产了。因此，根据《公司法》第20条等规定，黄某的行为将自己财产与公司资产混同，损害了债权人的利益，应当由滥用有限责任的股东即黄某以其个人财产承担公司因此应负担的对外债务。

● **法律依据**

《中华人民共和国公司法》第二十条 公司股东应当遵守法律、行政法规和公司章程，依法行使股东权利，不得滥用股东权利损害公司或者其他股东的利益；不得滥用公司法人独立地位和股东有限责任损害公司债权人的利益。

公司股东滥用股东权利给公司或者其他股东造成损失的，应当依法承担赔偿责任。

公司股东滥用公司法人独立地位和股东有限责任，逃避债务，严重损害公司债权人利益的，应当对公司债务承担连带责任。

第六十四条 一人有限责任公司的股东不能证明公司财产独立于股东自己的财产的，应当对公司债务承担连带责任。

10. 美容不成反中毒，供应商和销售商如何承担赔偿责任？

● **案例简介**

战士小张的未婚妻吴女士在某化妆品店购买了一种纯中药制作的美容祛斑面霜，因为销售人员介绍说是纯中药制成，无毒副作用且美白效果好，就一直使用该产品美容护肤。不久以后，吴女士身体出现异常，经常上腹部疼痛，记忆力下降，反复治疗但一直未能痊愈，有时症状反而加重，甚至出现精神异常、无故痛哭等情形。后吴女士在电视上看到有不合格的化妆品可能导致汞中毒的病例，怀疑是自己使用的护肤品存在问题，就在家人陪同下到医院进行检查，最终确诊为慢性汞中毒。吴女士将自己一直使用的美容祛斑面霜送到检测机构检验，经鉴定，该产品的汞含量每千克达到440毫克，超过正常标准的数百倍。吴女士遂将销售该产品的化妆品店及其生产厂家起诉至法院，要求赔偿医疗费、误工费、精神损失费等各项损失共计5万余元。化妆品店和厂家（包括登记业主和实际经营者）辩称吴女士送检的面霜和销售给吴女士的面霜并非同一批次产品，不同意赔偿。

● **律师答疑**

吴女士购买使用的美容祛斑面霜汞含量严重超标，为不合格产品，致使吴女士患上慢性汞中毒，身体受到损害，其有权获得赔偿。根据《消费者权益保护法》和《产品质量法》的相关规定，该不合格产品的生产者和销售者应当共同承担民事赔偿责任。化妆品店作为不合格产品的销售者，在销售时对该不合格产品进行虚假宣传，因此，应当对吴女士的损失承担赔偿责任。如属于生产者责任的，则化妆品店在对吴女士赔偿后，可以向生产者追偿。

● **法律依据**

《中华人民共和国消费者权益保护法》第三十五条　消费者在购买、使用商品时，其合法权益受到损害的，可以向销售者要求赔偿。销售者赔偿后，属于生产者的责任或者属于向销售者提供商品的其他销售者的责任的，销售者有权向生产者或者其他销售者追偿。

消费者或者其他受害人因商品缺陷造成人身、财产损害的，可以向销售者要求赔偿，也可以向生产者要求赔偿。属于生产者责任的，销售者赔偿后，有权向生产者追偿。属于销售者责任的，生产者赔偿后，有权向销售者追偿。

消费者在接受服务时，其合法权益受到损害的，可以向服务者要求赔偿。

《中华人民共和国产品质量法》第四十一条　因产品存在缺陷造成人身、缺陷产品以外的其他财产（以下简称他人财产）损害的，生产者应当承担赔偿责任。

第四十二条　由于销售者的过错使产品存在缺陷，造成人身、他人财产损害的，销售者应当承担赔偿责任。

销售者不能指明缺陷产品的生产者也不能指明缺陷产品的供货者的，销售者应当承担赔偿责任。

第四十三条　因产品存在缺陷造成人身、他人财产损害的，受害人可以向产品的生产者要求赔偿，也可以向产品的销售者要求赔偿。属于产品的生产者的责任，产品的销售者赔偿的，产品的销售者有权向产品的生产者追偿。属于产品的销售者的责任，产品的生产者赔偿的，产品的生产者有权向产品的销售者追偿。

第四十四条　因产品存在缺陷造成受害人人身伤害的，侵害人应当赔偿医疗费、治疗期间的护理费、因误工减少的收入等费用；造成残疾的，还应当支付残疾者生活自助具费、生活补助费、残疾赔偿金以及由其扶养的人所必需的生活费等费用；造成受害人死亡的，并应当支付丧葬费、死亡赔偿金以及由死者生前扶养的人所必需的生活费等费用。

因产品存在缺陷造成受害人财产损失的，侵害人应当恢复原状或者折价赔偿。受害人因此遭受其他重大损失的，侵害人应当赔偿损失。

11. 用他人的租赁物抵押有效吗？应如何处理？

● **案例简介**

转业军人于某以自己的名义租用了刘某的一台搅拌机，用于李某的建筑工地上施工。后李某因拖欠供应商的材料款，便将包括搅拌机在内的一些设备抵押给供应商。供应商将搅拌机相关设备折价卖给他人。此后不久，搅拌机所有人刘某对于某提出返还搅拌机的要求，因搅拌机被供应商折抵给他人且已下落不明，致使于某无法返还，遂刘某将李某起诉至法院，要求李某返还搅拌机并赔偿经济损失。

● **律师答疑**

根据《中华人民共和国担保法》的规定，抵押物必须是抵押人对其享有所有权或者处分权的，必须是法律允许转让，并具有可让与性的，而其所担保的债权不得超出其自身价值。

本案中，李某虽然可以在自己的建筑工地上使用由于某租赁的搅拌机，可这并不表明他享有对搅拌机的所有权、处分权，因此，他无权对搅拌机设立抵押。而供应商即使是在李某同意的情况下，也不能以李某拖欠自己材料款为由将这台属于租赁物的搅拌机拉走，更不能再将搅拌机折价卖给他人。所以，李某的抵押行为没有法律依据，不发生法律效力。此行为侵犯了于某的财产权益，于某有权要求李某返还搅拌机，并对因此给自己造成的合理租金损失承担赔偿责任。

● **法律依据**

《中华人民共和国担保法》第三十三条　本法所称抵押，是指债务人或者第三人不转移对本法第三十四条所列财产的占有，将该财产作为债权的担保。债务人不履行债务时，债权人有权依照本法规定以该财产折价或者以拍卖、变卖该财产的价款优先受偿。前款规定的债务人或者第三人为抵押人，债权人为抵押权人，提供担保的财产为抵押物。

第三十四条 下列财产可以抵押：抵押人所有的房屋和其他地上定着物；抵押人所有的机器、交通运输工具和其他财产；抵押人依法有权处分的国有的土地使用权、房屋和其他地上定着物；抵押人依法有权处分的国有的机器、交通运输工具和其他财产；抵押人依法承包并经发包方同意抵押的荒山、荒沟、荒丘、荒滩等荒地的土地使用权；依法可以抵押的其他财产。抵押人可以将前款所列财产一并抵押。

12. 购房人未购买预定房屋,开发商是否应退还定金?

● 案例简介

2009年9月,战士小张的父亲张某看中了该市某新开的楼盘,于当日向房地产开发公司支付了房屋认购"诚意金"两万元,公司出具收据一份。10月,张某挑选好房屋后,与该公司签订了《房屋认购书》,约定张某购买该楼盘房屋一套。其中第三条"付款方式"中关于定金的约定内容被划掉,第四条约定,乙方(即张某)在签订认购书后,须于10月31日前到甲方财务中心交纳第一期房款并签署《商品房买卖合同》,逾期未办理视为中途违约,乙方不得向甲方索还定金,甲方有权将该物业另行出售。当日,开发商在收取张某认购"诚意金"的收据右上方加盖了"已转定金不予退还"的条形章。

认购书签订后,因张某个人原因,其未能在认购书约定的时间内签订正式的《商品房买卖合同》。张某遂要求开发商退还两万元诚意金,但遭到拒绝,理由是该诚意金已经转为定金,张某未按约定签署《商品房买卖合同》,已构成违约,不得要求退还。张某对诚意金收据右上方加盖的"已转定金不予退还"的条形章不认可,遂向法院提起诉讼。

● 律师答疑

本案焦点在于张某交纳的两万元"诚意金"是否转为立约定金,开发商是否应当退还该两万元。诚意金的性质在于向售房人表明购房者的购房意愿,只起到预约的作用,类似于订金的作用并不是法律意义上的定金性质。立约定金又称订约定金,是为了担保主合同签订而约定的定金。根据《担保法》的规定,债务人履行债务后,定金应当抵作价款或者收回。给付定金的一方不履行约定的债务的，无权要求返还定金；收受定金的一方不履行约定的债务的，应当双倍返还定金。定金的约定属于当事人之间意思表示一致的自愿行为，只要签订合同的双方当事人就定金事宜形成书面的一致约定，该定金条款即为有效。

本案中由于认购书上关于定金的约定内容被划掉，因此需要当事人对此作出合理的解释和足够的证据佐证。由于张某对诚意金收据右上方加盖的"已转定金不予退还"的条形章不认可，开发商对此亦无法提供足够的证据予以证明，因此该条章不具有将诚意金转为定金的效力。而由于双方已经在定金条款被划掉的认购书上签字，这表明双方当事人对于定金事宜并未形成书面的约定，这是违反了定金成立的要件的，因此该笔诚意金并未转化为定金，在张某不再购买房屋的情况下，该笔诚意金需由开发商退还给张某。

● **法律依据**

《中华人民共和国合同法》第一百一十五条 当事人可以依照《中华人民共和国担保法》约定一方向对方给付定金作为债权的担保。债务人履行债务后，定金应当抵作价款或者收回。给付定金的一方不履行约定的债务的，无权要求返还定金；收受定金的一方不履行约定的债务的，应当双倍返还定金。

《中华人民共和国担保法》第八十九条 当事人可以约定一方向对方给付定金作为债权的担保。债务人履行债务后，定金应当抵作价款或者收回。给付定金的一方不履行约定的债务的，无权要求返还定金；收受定金的一方不履行约定的债务的，应当双倍返还定金。

第九十条 定金应当以书面形式约定。当事人在定金合同中应当约定交付定金的期限。定金合同从实际交付定金之日起生效。

第九十一条 定金的数额由当事人约定，但不得超过主合同标的额的百分之二十。

13. 一起因拆迁引起的不当得利案件

● 案例简介

战士小孟找到律师咨询：他的姑姑陈某是某村村民，1982年与前夫结婚，婚后育有一女。1987年陈某与前夫在宅基地上新建房屋若干，1996年两人离婚，依据离婚判决，双方分别所有宅基地上房屋。2008年陈某的女儿与王某结婚，随后王某将户口迁至该宅基地内，此后此宗宅基地内没有新建住房。2011年，该村开始拆迁，除宅基地区位补偿和房屋重置成新价、装修补偿等之外，还按照户籍发放奖励以及周转费等约每人8万元左右款项，另有以每宗宅基地为标准的补偿，按照回迁安置政策，每一名户籍人员可以按照2 000元每平方米标准购买40平方米平价安置房，相当于一套一居室面积。在拆迁前夕，王某与陈某发生矛盾，后王某离家，且此后再未抚养过女儿。在拆迁补偿补助奖励发放后，王某认为陈某在拆迁中有不当得利，故向法院提出诉讼，要求返还其可以获得的补偿奖励，并分割拆迁补偿安置房。

● 律师答疑

王某主张返还不当得利诉讼请求缺乏事实及法律依据，理由如下：

首先，王某并非宅基地使用权人和房屋所有权人，因此其无权主张宅基地和房屋、装修及附属物搬迁补偿款。宅基地登记审批表显示的权利人没有王某，宅基地上房屋依照离婚判决为陈某和前夫分别所有。依据《北京市集体土地房屋拆迁管理办法》第3条"被拆迁人是指对被拆除房屋拥有所有权的单位或者个人"这一定义，被拆迁人理应是对被拆迁房屋享有所有权人。王某显然不是宅基地使用权人，也不是该宅基地上房屋的所有权人,因此,其主张拆迁补偿款是没有事实和法律依据的。

其次,以户籍为单位的奖励、补助费应认定为家庭共同共有财产,在家庭共同共有关系丧失前不应进行分割。王某与陈某的女儿结婚,并实际居住在陈某享有所有权的房屋内,与陈某之间形成家庭关系,后将户籍迁入该宅基地内。因此,在本次搬迁过程中,按照户籍为单位给予的奖励、补助费应该认定为家庭关系存续期间家庭共同所得的财产,即陈某、王某、陈某的女儿及王某的女儿四人的家庭共有财产,依据《中华人民共和国物权法》第103条的规定,共有人对共有财产是按份共有还是共同共有没有约定或者约定不明的,除共有人具有家庭关系外,视为按份共有的规定,可以得知:共有人具有家庭关系的,对共有财产是共同共有关系。《物权法》第99条规定,共同共有人在共有的基础丧失或者有重大理由需要分割时才可以请求分割。显然,目前不符合对家庭共同共有财产法定分割的条件。

再次,王某另一项诉讼请求是"分割拆迁补偿安置房屋",是对物权的一种确认请求,但目前所谓的安置房屋并没有开始建设,其所主张的标的物并不存在,又何来"分割"或确认权属。另外,依据该村定向安置房认购实施细则规定,王某具有限价购房资格,但具有购房资格并不能等同于确定房屋的所有权。而对于购买定向安置房的款项,依据安置房认购细则关于结算的规定,拆迁人将货币补偿款扣除认购的定向安置房房款后的余款支付给被拆迁人。需要特别说明的是:以一个人户籍为单位的奖励、补助款是不足购买一套安置房价格的。购房差额部分是使用陈某应享有的补偿款支付的,待日后正式签订购房合同并取得安置房所有权时,该安置房也应是共有物。因此,王某主张分割不存在的房屋是没有事实和法律依据的。

最后,根据《民法通则》92条的规定,不当得利的成立要件有四:一、一方取得财产利益;二、一方受到损失;三、取得利益与所受到损失有因果关系；四、没有合法根据。在本案中，陈某取得财产利益，是基于自己享有所有权的房屋进行搬迁而获得的补偿，是有合法根据的；王某不是宅基地使用权人和房屋所有权人，无权获得与之相关的补偿，又何谈受到损失。以户籍为单位的奖励、补助费作为家庭共同共有财产也没有任何损失；既然一方获利，另外一方没有受到损失，获利与损失的因果关系也就无从谈起了。因此，本案显然不具有不当得利的成立要件，王某的诉请不应得到支持。

● **法律依据**

《中华人民共和国民法通则》第九十二条　没有合法根据，取得不当利益，造成他人损失的，应当将取得的不当利益返还受损失的人。

《中华人民共和国物权法》第九十九条　共有人约定不得分割共有的不动产或者动产，以维持共有关系的，应当按照约定，但共有人有重大理由需要分割的，可以请求分割；没有约定或者约定不明确的，按份共有人可以随时请求分割，共同共有人在共有的基础丧失或者有重大理由需要分割时可以请求分割。因分割对其他共有人造成损害的，应当给予赔偿。

第一百零三条　共有人对共有的不动产或者动产没有约定为按份共有或者共同共有，或者约定不明确的，除共有人具有家庭关系等外，视为按份共有。

14. 父母以子女名义买房、贷款，该房应归谁所有？

● **案例简介**

战士王某遇到这样的问题来咨询：甲男与乙女系夫妻关系，在婚姻存续期间，乙的父母打算改善住房环境，因老两口年岁过大，不能办理贷款，老两口与儿子和女儿乙商量后，决定以乙的名义签订房屋买卖合同以及办理房屋贷款手续，购房首付款和贷款主要由老两口承担，儿子不定期给予还贷帮助，同时约定支付完全部房款和还清银行贷款后，乙将房屋过户到实际出资人母亲丙的名下。在两位见证人见证下签署了该协议书以后，乙的父母就以乙的名义购买了一套住房，并以乙的名义贷款，后一直在内居住。办理贷款时，需要甲签字，但甲也未提出出资购买该房屋，且对于乙的母亲丙实际出资、仅仅是以乙的名义购房一事也未提出异议。后甲乙因感情不和分居，2012年，甲提出离婚，同时认为该房屋是夫妻共有财产，要求分割，但乙不同意离婚。在第一次离婚诉讼被驳回之后，乙将房屋以买卖形式过户给丙，甲遂向法院起诉，要求确认乙和丙之间的房屋买卖合同无效。

● **律师答疑**

本案关键在于乙的母亲丙购买的涉案房屋是否为甲乙的夫妻共同财产，甲是否为房屋共有权人，是否对房屋享有权利。根据购房前乙的父母和儿子女儿签署的协议，购房的首付和还贷均主要由乙的父母承担，仅仅使用乙的名义签订购房合同和办理贷款，甲对于此事全部知情且当时也没有提出异议，足以证明其对购房事实是清楚的。房屋购买后，一直是老两口居住在内，且老人仅有此唯一一套住房，这都表明实际购房人是乙的父母。甲和乙并未出资购买该房屋，也没有帮助老人还房贷，该房屋并非夫妻共同财产。因此，乙将房屋过户给母亲丙的房屋买卖行为，是尊重客观事实，保护老人合法权益，并不存在恶意串通，未损害甲的利益，其行为不存在符合《合同法》第52条和《民法通则》第58条关于合同无效和民事行为无效的条款规定的情形，应认定为合法有效，丙是该房屋的合法所有权人，甲的诉请不应得到支持。

● **法律依据**

《中华人民共和国合同法》第五十二条　有下列情形之一的，合同无效：

（一）一方以欺诈、胁迫的手段订立合同，损害国家利益；

（二）恶意串通，损害国家、集体或者第三人利益；

（三）以合法形式掩盖非法目的；

（四）损害社会公共利益；

（五）违反法律、行政法规的强制性规定。

《民法通则》第五十八条　下列民事行为无效：

（一）无民事行为能力人实施的；

（二）限制民事行为能力人依法不能独立实施的；

（三）一方以欺诈、胁迫的手段或者乘人之危，使对方在违背真实意思的情况下所为的；

（四）恶意串通，损害国家、集体或者第三人利益的；

（五）违反法律或者社会公共利益的；

（六）经济合同违反国家指令性计划的；

（七）以合法形式掩盖非法目的的。

无效的民事行为，从行为开始起就没有法律约束力。

15. 订购的设备不符合要求，能否要求其重作？

● **案例简介**

2002年年初，小马退伍后开了一家印刷厂。同年5月26日，与某科技开发公司订立了一份购销合同。印刷厂从科技开发公司购买应用于激光照排的排版设备一套，单价50 000元。因为科技开发公司原有的排版设备不能完全符合印刷厂的生产要求，故印刷厂要求科技开发公司按其提供的资料进行改造生产，科技开发公司同意，并在合同中注明这一点。2002年7月26日，新设备运到印刷厂。印刷厂随即按合同支付了货款。可是印刷厂8月初在安装设备之后进行测试时发现设备在辨认字体方面存在一些问题，即要求科技开发公司来人处理。经检查后，印刷厂发现该设备远远达不到排版的技术要求，其原因是科技开发公司生产的设备没有完全按印刷厂提供的资料制作。由于设备存在以上问题，致使无法正常投入使用，印刷厂要求科技开发公司重新制作符合其要求的排版设备。小马咨询，他们的主张能否得到法律支持？

● **律师答疑**

本案中双方虽签订的是购销合同，但是实际属于承揽合同纠纷，而非购销合同即买卖合同纠纷。承揽合同与买卖合同都存在标的物的交付，这使得二者在社会生活中有时极其相似，其根本的区别在于：承揽合同的定作物是根据定作人的要求而制作，它必须存在于合同履行之后；而买卖合同的标的物可以存在于买卖合同订立之前，或者虽存在于买卖合同履行后，但是出卖人根据自己的标准生产的标准化的成品，买受人只是选择了规格。本案中印刷厂要求科技开发公司按其提供的资料进行生产，这就使得合同的性质为承揽合同。不同的合同其效力不同，所以合同的性质对确定双方当事人的权利与义务有重要的意义。

本案中承揽人科技开发公司没有按照定作人某印刷厂的要求进行工作，应承担相应的违约责任。依据我国合同法的规定，定作人可以要求承揽人承担修理、重作、减少报酬、赔偿损失等违约责任，所以印刷厂要求科技开发公司重新制作符合其要求的排版设备符合法律规定。

● 法律依据

《中华人民共和国合同法》第二百五十一条 承揽合同是承揽人按照定作人的要求完成工作，交付工作成果，定作人给付报酬的合同。

承揽包括加工、定作、修理、复制、测试、检验等工作。

第二百六十二条 承揽人交付的工作成果不符合质量要求的，定作人可以要求承揽人承担修理、重作、减少报酬、赔偿损失等违约责任。

16. 未经保证人同意，延长了借款时间的，保证人还应承担连带担保责任吗？

● 案例简介

战士小刘退伍后开了一家钢材公司，同年与本市中国工商银行签订合同。合同规定，由工商银行向钢材公司提供150万元贷款，借款期限为三年，届时钢材公司还清借款，另付利息30万元。合同签订后，银行经调查，发现钢材公司经营不善，便提出终止合同，后市某物资总公司出面说情，达成一致意见：原合同继续有效，另外三方签订补充协议，物资公司签署保证：保证钢材公司到期将全部贷款及利息还给工商银行，并对资金监督使用。借款期限届至，工商银行前来催款，钢材公司只返还100万元，并请求工商银行将余额50万元及利息30万元于两个月后返还，工商银行考虑到钢材公司的实际困难和与物资公司的长期良好关系，遂同意了钢材公司的请求，并签署了协议，但此事并未通知物资公司。到应还款之日，银行发现钢材公司账户资金所剩无几。此时，银行向人民法院起诉，要求物资公司与钢材公司负连带责任，偿还50万元及利息30万元。

● 律师答疑

本案三方签订的保证合同中，没有约定物资公司的保证方式。按照《担保法》第19条的规定"当事人对保证方式没有约定或者约定不明确的，按照连带责任保证承担责任"，物资公司对该借款负有连带责任。

但是借款期满后，银行与钢材公司就延期支付余款与利息达成协议，且此事并未告知物资公司。《担保法》第24条规定："债权人与债务人协议变更主合同的，应当取得保证人书面同意，未经保证人书面同意的，保证人不再承担保证责任。保证合同另有约定的，按照约定。"因此，物资公司在银行与钢铁公司签订延期支付余款与利息协议时就免除了其连带责任。故在银行起诉之时，本案就变成了银行与钢材公司之间的债权债务关系，银行只能要求钢材公司承担违约责任。

● 法律依据

《中华人民共和国担保法》第十九条　当事人对保证方式没有约定或者约定不明确的，按照连带责任保证承担责任。

第二十四条　债权人与债务人协议变更主合同的，应当取得保证人书面同意，未经保证人书面同意的，保证人不再承担保证责任。保证合同另有约定的，按照约定。

17. 融资租赁合同中，出租人应如何向承租人提供租赁物？

● **案例简介**

战士小吴的父亲经营甲租赁公司。2010年4月，该公司与乙机械厂签订了融资租赁合同，合同约定由甲租赁公司按照乙方的要求，从国外购买设备3台，租给乙机械厂使用，租期2年。同年6月设备抵达大连港，但由于购买人是甲租赁公司，所以运单上载明的收货人是甲租赁公司。设备到后，甲租赁公司通知乙机械厂前去提货。当乙机械厂到港口提货时被拒绝，理由是收货人是甲租赁公司。乙机械厂急忙电告甲租赁公司派人解决，但甲租赁公司以承租人为租赁物的接受人为由未及时派人前往港口提货，后来乙机械厂通过别的办法提取了设备，但由于耽误了提货期限被港口罚款2万元。乙机械厂认为是甲租赁公司延误了提货期限，向甲租赁公司索赔罚款2万元无果，遂向法院提起诉讼。小吴咨询律师，他父亲的公司是否要承担这笔罚款？

● **律师答疑**

本案为融资租赁合同纠纷。所谓融资租赁合同，是出租人根据承租人对出卖人、租赁物的选择，向出卖人购买租赁物，提供给承租人使用，承租人支付租金的合同。根据《合同法》第245条的规定："出租人应当保证承租人对租赁物的占有和使用。"本案中造成乙机械厂被罚款的主要责任在甲租赁公司，应由甲租赁公司承担责任。尽管按照融资租赁合同的约定，乙机械厂是使用设备的人，应该前去提货，但由于运单上写明收货人是甲租赁公司，故乙机械厂无法提取设备，而甲租赁公司在知道情况后未及时派人前去处理导致延期提货，甲租赁公司未保证承租人乙机械厂及时提取租赁物，乙机械厂未能按合同约定及时享有对租赁物的占有和使用权，所以过错在甲租赁公司，应由甲租赁公司承担责任，即向乙机械厂赔偿2万元。

● **法律依据**

《中华人民共和国合同法》第二百三十七条　融资租赁合同是出租人根据承租人对出卖人、租赁物的选择，向出卖人购买租赁物，提供给承租人使用，承租人支付租金的合同。

第二百四十五条　出租人应当保证承租人对租赁物的占有和使用。

18. 欠款超过两年是否就可以不用还了？

● **案例简介**

战士孙某退伍后进入某化工厂工作，为扩大生产，1999年10月11日，某化工厂向某公司借款20万元，约定于2000年10月11日偿还，若迟延还款，某化工厂承担违约金。2000年10月11日，某公司要求某化工厂偿还借款，某化工厂因产品销售不好，一时无力清偿20万元借款，于是某化工厂向某公司请求暂缓一段时间偿还，某公司未作任何表示，此后双方未再发生联系。2002年10月30日某公司找到某化工厂要求偿还借款并付清迟延还款违约金。某化工厂以欠款时效已过，拒绝还款，某公司遂诉至法院。孙某想问，欠款超过两年就超过诉讼时效，就可以不用还了吗？

● **律师答疑**

欠款的诉讼时效是自当事人知道或者应当知道其权利受到侵害之日起计算两年，如果两年内债权人未向人民法院起诉，将可能丧失胜诉权。具体就本案来说，某化工厂拒绝还款的理由是其要求暂缓偿还借款，而某公司未作任何表示，推定为合同没有发生变更。根据《民法通则》第135条的规定："向人民法院请求保护民事权利的诉讼时效期间为二年，……"上述合同因未变更，诉讼时效仍按照原合同计算，其诉讼时效的最后期限是2002年10月11日。因此，某化工厂可以以诉讼时效已过而拒绝还款。

依我国法律的规定，诉讼时效届满后，权利人虽可提起诉讼，但只有程序意义上的诉权，而没有实体意义上的诉权，即其所主张的权利得不到法律保障。因此，某公司要求某化工厂还款的请求有可能因诉讼时效已过而得不到实现。

● **法律依据**

《中华人民共和国合同法》第一百二十九条　因国际货物买卖合同和技术进出口合同争议提起诉讼或者申请仲裁的期限为四年,自当事人知道或者应当知道其权利受到侵害之日起计算。因其他合同争议提起诉讼或者申请仲裁的期限,依照有关法律的规定。

《中华人民共和国民法通则》第一百三十五条　向人民法院请求保护民事权利的诉讼时效期间为二年,法律另有规定的除外。

19. 委托开发的发明创造，其专利权应归谁所有？

● 案例简介

战士刘某的哥哥是某厂（以下简称甲方）的厂长，1999年10月15日与某科研所（以下简称乙方）签订了一份技术开发合同。合同约定，甲方委托乙方研究开发某太阳能发电装置。双方约定，研制费由甲方支付，研制出的成果归甲方使用。4个月后，乙方研制成功，甲方按约定支付研制费，同时依约定享有成果使用权。2000年4月乙方将该技术成果向专利局申请发明创造专利权。甲方得知后也向专利局申请该技术的发明创造专利权。该技术成果申请专利的权利归哪方所有？

● 律师答疑

本案涉及委托开发技术成果的归属问题。我国于1999年3月15日颁布了《中华人民共和国合同法》，该法的第339条对此作了明确规定："委托开发完成的发明创造，除当事人另有约定的以外，申请专利的权利属于研究开发人。研究开发人取得专利权的，委托人可以免费实施该专利。""研究开发人转让专利申请权的，委托人享有以同等条件优先受让的权利。"

本案当事人签订委托技术开发合同的时间是1999年10月15日，适用《合同法》的规定。因此，应由研究开发方乙方取得该项太阳能发电装置技术的专利权，委托方甲方可以免费实施该项专利；乙方就其发明创造转让专利申请权，甲方可以优先受让专利申请权。

● **法律依据**

《中华人民共和国合同法》第三百三十九条 【技术成果的归属】委托开发完成的发明创造，除当事人另有约定的以外，申请专利的权利属于研究开发人。研究开发人取得专利权的，委托人可以免费实施该专利。研究开发人转让专利申请权的，委托人享有以同等条件优先受让的权利。

20. 仓储合同成立后,仓储费应从何时开始计算?

● **案例简介**

战士赵某退伍后从事个体经营。他在某仓库寄存彩电一批100台,价值共计100万元。双方商定:仓库自1月15日至2月15日期间保管货物,赵某分三批取走;2月15日赵某取走最后一批彩电时,支付保管费2 000元。2月15日,赵某前来取最后一批彩电时,双方为仓储费的多少发生争议。赵某认为自己的彩电实际是在1月25日晚上才入仓库,应当少付仓储费250元。该仓库拒绝减少仓储费,理由是仓库早已为赵某的彩电的到来准备了地方,至于赵某是不是准时进库是赵某自己的事情,与仓库无关。赵某认为该仓库位于江边码头,自己又通知了彩电到站的准确时间,该仓库不可能空着货位。只同意支付1 750元仓储费。该仓库于是拒绝赵某提取所剩下的彩电。赵某要求减少仓储费是否合理?

● **律师答疑**

赵某要求减少仓储费的要求不合理。本案当事人签订的是仓储合同,我国《合同法》第382条规定:"仓储合同自成立时生效。"这就意味着仓储合同是诺成性合同,而诺成性合同,其成立不以交付标的物为要件,双方当事人就合同主要条款达成一致,合同即成立。若合同签订后,因存货人原因货物不能按约定入库,依然要交付仓储费。根据我国《合同法》规定,对仓储合同没有规定时,适用法律对保管合同的规定。《合同法》第380条规定:"寄存人未按照约定支付保管费以及其他费用的,保管人对保管物享有留置权,但当事人另有约定的除外。"所以本案虽为仓储合同,但在赵某不支付仓储费,而双方对留置无相反约定的情况下,该仓库可以留置仓储物,拒绝其提取仓储物,留置相当于250元的货物。

● **法律依据**

《中华人民共和国合同法》第三百八十一条　仓储合同是保管人储存存货人交付的仓储物,存货人支付仓储费的合同。

第三百八十二条　仓储合同自成立时生效。

第三百九十五条　本章没有规定的,适用保管合同的有关规定。

第三百八十条　寄存人未按照约定支付保管费以及其他费用的,保管人对保管物享有留置权,但当事人另有约定的除外。

21. 显失公平的买卖合同可以撤销吗？

● **案例简介**

战士小赵来自某山区，他父亲赵某手中有一花瓶，系赵某的祖父留下。李某通过他人得知赵某家有一清朝花瓶，遂上门索购。赵某不知该花瓶真实价值，李某用15 000元买下。随后，李某将该花瓶送至某拍卖行进行拍卖，卖得价款11万元。赵某在一个月后得知此事，认为李某欺骗了自己，通过许多渠道找到李某，要求李某退回花瓶。李某以买卖花瓶是双方自愿的，不存在欺骗，拒绝赵某的请求。赵某到李某所在地人民法院提起诉讼，请求撤销合同，并请求李某返还该花瓶。小赵咨询，他父亲的请求能否得到法律支持？

● **律师答疑**

本案涉及可撤销合同的法律问题。李某与赵某之间的合同属于显失公平的买卖合同，且显失公平系由于赵某欠缺交易经验所致，因此赵某有权依据《合同法》第54条的规定，请求法院撤销合同。买卖合同一旦被撤销，合同即自始没有法律约束力，依据《合同法》第58条的规定，赵某有权请求李某返还财产。 依上述理由，赵某的诉讼请求有法律依据。法院应根据《合同法》第54条的规定撤销该花瓶买卖合同。并依据《合同法》第58条的规定，要求李某将花瓶退还给赵某，赵某将收到的花瓶款退还给李某。若李某愿意支付与该花瓶价值相当的价款，赵某也同意接受，赵某可以不用撤销该合同，由李某补齐余下的价款即可。

● **法律依据**

《中华人民共和国合同法》第五十四条 下列合同，当事人一方有权请求人民法院或者仲裁机构变更或者撤销：

（一）因重大误解订立的；

（二）在订立合同时显失公平的。

一方以欺诈、胁迫的手段或者乘人之危，使对方在违背真实意思的情况下订立的合同，受损害方有权请求人民法院或者仲裁机构变更或者撤销。

当事人请求变更的，人民法院或者仲裁机构不得撤销。

第五十八条 合同无效或者被撤销后，因该合同取得的财产，应当予以返还；不能返还或者没有必要返还的，应当折价补偿。有过错的一方应当赔偿对方因此所受到的损失，双方都有过错的，应当各自承担相应的责任。

第五篇
物权保护篇

1. 楼上漏水造成楼下财产损失，楼上业主是否应承担赔偿责任？

● **案例简介**

战士小徐这两天正为家里的事情发愁：他的父亲徐先生于2008年6月买下某小区一楼底商一套，出租给某房地产中介公司办公使用。2011年11月起至2013年1月，该房屋中的一间房屋屋顶漏水，泡坏办公桌等物品。徐先生多次通过物业公司与楼上漏水房屋的房主张女士联系维修，但张女士一直拒绝配合维修。徐先生为此赔偿了房地产中介公司的物品损失，并降低了租金。对此，张女士是否应对徐先生的损失承担赔偿责任？

● **律师答疑**

张女士应当赔偿徐先生的合理损失。本案涉及相邻不动产物权保护的相关问题，作为楼上房屋业主的张女士，对自家房屋漏水波及到楼下徐先生的房屋，负有积极配合查找漏水点和维修的义务，并对徐先生家因漏水造成的实际损失进行赔偿。本案中，徐先生将房屋作为商铺出租给了房地产中介公司，在出租合同中负有保障房屋安全及维修房屋的义务。徐先生对因漏水造成的损失赔偿了房地产中介公司。作为房屋所有人的徐先生，也不应承担物品损失及减少租金的损失。根据《中华人民共和国物权法》的规定，徐先生有权要求楼上张女士配合维修漏水房屋，并承担物品损失及减少部分的租金损失。

● **法律依据**

《中华人民共和国物权法》第三十六条　造成不动产或者动产毁损的，权利人可以请求修理、重作、更换或者恢复原状。

第三十七条　侵害物权，造成权利人损害的，权利人可以请求损害赔偿，也可以请求承担其他民事责任。

2. 业主能否自主占用楼顶安装无线电塔及设施？

● **案例简介**

法制干事小马在工作中遇到咨询：刘先生系北京市朝阳区某小区业主，其房屋位于住宅楼的六层，系顶楼。李先生居住在该楼四层。2009年3月，李先生未经刘先生及其他业主的同意，在该楼楼顶安装了高约12米的无线电天线塔桅设施。刘先生等业主反对李先生的这一做法，刘先生是否有权要求李先生拆除楼顶的无线电天线塔桅设施？

● **律师答疑**

业主对建筑物专有部分以外的共有部分享有共有和共同管理的权利。楼顶属于建筑物的共有部分，且顶楼住户对楼顶享有特殊利益。李先生在房屋楼顶安装无线电天线塔桅设施，未经其他业主同意，尤其是未经对楼顶享有特殊利益的刘先生同意，侵犯了业主对建筑物共有部分共有和共同管理的权利。李先生所安装的无线电天线塔桅设施设在楼顶，存在安全隐患，对刘先生造成了不利影响。故刘先生有权要求李先生恢复原状，排除妨碍，即拆除楼顶的无线电天线塔桅设施。

● **法律依据**

《中华人民共和国物权法》第七十二条　业主对建筑物专有部分以外的共有部分，享有权利，承担义务；不得以放弃权利不履行义务。业主转让建筑物内的住宅、经营性用房，其对共有部分享有的共有和共同管理的权利一并转让。

第八十四条　不动产的相邻权利人应当按照有利生产、方便生活、团结互助、公平合理的原则，正确处理相邻关系。

3. 被司法机关、行政机关依法查封的房屋还可以办理房产证吗？

● 案例简介

已经入伍提干多年的马团长深知法律的重要性，记忆深刻的事情是：他的哥哥马某于2003年4月16日与厦门市某房地产开发有限公司签订了《厦门市房地产买卖合同（预售）》，约定购买由该房地产公司开发的涉案房屋。4月23日，马某依约向该房地产公司一次性支付购房款，房地产公司向马某出具了收款收据及付清房款证明。2003年10月18日，该房地产公司依约向马某交付了涉案房产。但直至2007年10月，马某仍未能办理房屋登记手续，也未能依法领取房产证。在与该房地产公司多次交涉过后，马某得知，该房产早在2003年5月8日已被湖南省长沙市中级人民法院查封，后于2007年3月又被福建省福州市中级人民法院查封，现该房产仍被查封。马某是否可以办理该房屋的产权证？

● 律师答疑

在涉案房屋被司法机关依法查封的情况下，马某不能办理该房产的产权证。本案中，马某与厦门市某房地产开发有限公司签订的《厦门市房地产买卖合同（预售）》，系双方真实意思表示，不违反法律规定，所以合同成立并有效。但我国城市房地产管理法规定，被司法机关、行政机关依法采取查封措施的房地产不得转让。所以，本案中上述合同虽然成立并有效，但涉案房地产未被解除查封措施前，马某不能办理该房屋的产权证。当然，本案中马某可以根据实际情况，追究违约方厦门市某房地产开发有限公司的相关违约责任。

● **法律依据**

《中华人民共和国物权法》第六条　不动产物权的设立、变更、转让和消灭，应当依照法律规定登记。动产物权的设立和转让，应当依照法律规定交付。

第九条　不动产物权的设立、变更、转让和消灭，经依法登记，发生效力；未经登记，不发生效力，但法律另有规定的除外。

《中华人民共和国城市房地产管理法》第三十八条　下列房地产，不得转让：……（二）司法机关和行政机关依法裁定、决定查封或者以其他形式限制房地产权利的；……

4. 共同出资购买房屋，但是仅登记一个人的名字，该房屋应归谁所有？

● **案例简介**

成都籍的战士小林向值班律师咨询：2002年8月12日，由孙某、尹某、林某（小林的叔叔）共同出资20万元，注册成都雄亚工程有限公司。2005年，孙某、尹某及林某的女儿林女（代表其父亲）经平等协商后口头约定，由三人共同出资购买位于某区的两套商品房，作为成都雄亚工程有限公司的办公场所，约定由尹某作为购房代表与房屋出卖方签订购房合同并办理产权登记手续。2005年3月20日，尹某依照三人约定与房屋出卖方四川省某房地产开发有限公司签订了购房合同，2005年4月成都雄亚工程有限公司通过银行转账，向房屋出卖方转入房款18万元，购得上述两套商品房。2007年10月11日，尹某将上述两套房产登记在其名下。2007年5月8日，孙某、尹某、林女共同签署了《关于两套房屋产权的约定》，三人对上述房屋所享有的产权份额明确约定为：孙某享有60%，尹某20%，林女享有20%。2009年9月16日，尹某与其妻张某协议离婚，将上述两套房屋约定归张某所有，但至今未办理过户手续。问上述两套房产是孙某、尹某、林女共同所有，还是尹某单独所有？尹某与其妻张某的协议是否有效？

● **律师答疑**

两套房屋应由孙某、尹某、林女共同享有产权。虽然房屋所有权人登记为被告尹某，但该房屋系孙某、尹某、林女按其在成都雄亚工程有限公司出资比例共同出资购买，根据2007年5月8日孙某、尹某、林女签订的《关于两套房屋产权的约定》，孙某享有房屋60%的产权份额，尹某享有房屋20%的产权份额，林女享有房屋20%的产权份额。依据民法通则有关规定，不动产可以共同所有。三人的约定不违反法律规定，故上述两套房屋应由孙某、尹某、林女按份共同享有。尹某与其妻张某协议离婚，处分了属于孙某、林女所有的部分的房产，该部分无效。

● **法律依据**

《中华人民共和国民法通则》第七十一条　财产所有权是指所有人依法对自己的财产享有占有、使用、收益和处分的权利。

第七十八条　财产可以由两个以上的公民、法人共有。

《中华人民共和国物权法》第九十四条　按份共有人对共有的不动产或者动产按照其份额享有所有权。

《中华人民共和国城市房地产管理法》第三十八条　下列房地产，不得转让：……（四）共有房地产，未经其他共有人书面同意的；……

5. 在他人露台上方搭建房屋是否构成侵权？

● **案例简介**

战士小赵接到父亲赵某电话，家里遇到了麻烦事：小赵的父亲赵某系澳某花园A栋1-4a号房屋的业主，庄某系澳某花园A栋1-5a号房屋的业主，两人的房屋上下相邻。赵某的房屋临该花园街道一侧建有阳台，空间高度为两层，面积为17.61平方米。庄某的房屋在该阳台上方开有窗户。庄某在澳某花园装修A栋1-4a号房屋过程中，自2008年11月18日起在该阳台两侧的墙体上（与A栋1-5a号房屋的地板平行的部位）钻孔，插入钢梁、铺设钢板并同时在外侧加建铝合金窗墙体，从而在该阳台的上方搭建了一间房屋。庄某在搭建房屋过程中，施工时有部分石块、水泥块等建筑材料掉落到赵某的阳台上，损坏了赵某某的阳台上铺设的部分木条地板。经勘验，庄某搭建的房屋的高度为2.35米，其室内宽度为3.13米、长度为3.89米，面积为12.18平方米。问：庄某搭建房屋的行为是否对赵某构成侵权？

● **律师答疑**

庄某搭建房屋的行为已对赵某构成侵权。根据相关法律规定，建筑物区划内的专有部分是指其构造上和利用上具有独立性，并能够登记成为特定业主所有权的客体的特定空间。赵某购买的澳某花园A栋1-4a号房屋包含的临该花园街道一侧的阳台（露台花园）符合上述规定，属于专有部分，赵某对该阳台享有建筑物专有部分所有权。由于庄某的澳某花园A栋1-5a号房屋在该阳台上方开有窗户，故赵某在行使权利时，不应妨碍庄某房屋的通风、采光。庄某作为澳某花园A栋1-5a号房屋的业主，在未经赵某许可并办理相关报建手续的情况下，擅自在该阳台上方搭建房屋的行为已经侵犯了赵某的建筑物专有部分所有权，已构成对赵某的侵权，应承担相应的法律责任，赵某有权要求庄某拆除其在该阳台上方搭建的房屋并恢复原状，庄某在施工过程中掉落的部分建筑材料给赵某的地板造成了一定的损坏，赵某有权要求庄某修复被损坏的地板。

● **法律依据**

《中华人民共和国民法通则》第一百一十七条　侵占国家的、集体的财产或者他人财产的，应当返还财产，不能返还财产的，应当折价赔偿。

损坏国家的、集体的财产或者他人财产的，应当恢复原状或者折价赔偿。

《中华人民共和国物权法》第七十条　业主对建筑物内的住宅、经营性用房等专有部分享有所有权，对专有部分以外的共有部分享有共有和共同管理的权利。

《最高人民法院审理建筑物区分所有权纠纷案件具体应用法律若干问题的解释》第二条　建筑区划内符合下列条件的房屋，以及车位、摊位等特定空间，应当认定为物权法第六章所称的专有部分：

（一）具有构造上的独立性，能够明确区分；

（二）具有利用上的独立性，可以排他使用；

（三）能够登记成为特定业主所有权的客体。

6. 抛弃了的房屋，没有经过登记，还能要回来吗？

● **案例简介**

战士小张受同村好友马某的嘱托，想要他帮忙讨个说法：马某家住城郊，15岁时，父母在一起事故中双亡，马某与爷爷共同生活。马某高中毕业后没有考上大学，就与爷爷一同以修鞋为生。后来爷爷去世，马某一个人生活，亲戚朋友经常接济他。不久，与马某一同长大的在深圳打工的李某从深圳回来过春节，马某对李某描述的深圳生活非常向往。春节过后，马某决定与李某去深圳打工。临行前，马某对前来送行的村里人表示，自己在城郊的两间土房不要了，等自己赚钱回来，盖更好的房子。六年后，马某在深圳意外受伤，全部积蓄都用来治伤了。在此期间，马某深感城市的人情淡漠，非常怀念家乡。伤好后，马某决定回家乡生活。回来后，发现自己的两间土房被同村人张某占有了。马某要求张某返还房屋，张某认为，马某已经抛弃了该房屋，无权要求返还，为此双方发生纠纷。

● **律师答疑**

本案争议焦点主要是马某是否失去了对其房屋的所有权，即其所有权是否消灭了。所有权的消灭是指因一定的法律事实而使所有人丧失其所有权，即所有权的终止。从权利本身来看，所有权的消灭可分为绝对消灭与相对消灭。所有权的绝对消灭是指不仅原所有人的所有权消灭，并且其他人也不能取得该所有权。例如，所有权的标的物的灭失，不仅导致原所有权人的权利消灭，其他人也不可能再取得该所有权。所有权的相对消灭是指所有权虽与原所有人分离，但又与新的所有人结合。

所有权的消灭原因,既可以是法律行为,也可以是法律行为之外的其他法律事实,包括以下几种:①所有权的转让。如通过买卖、赠与、互易等法律行为转让所有权,原所有人的所有权即为消灭。②所有权的抛弃。抛弃是所有人不将所有权移转于他人而使所有权归于消灭的单独行为。③所有权客体灭失。作为所有权客体的有体物灭失,所有权即归灭失。例如,财产被大火烧毁,被洪水冲毁等。④基于法律规定而灭失。如一方因善意取得。善意取得所有权的,原所有人的所有权即归于消灭。⑤其他原因。如通过征收、强制执行、税收等使原所有人的所有权消灭。

请求返还原物,是指物权人对无权占有人所享有的要求其返还原物的请求权。因此,返还请求权是物权请求权中最重要的、具有核心意义的一种请求权。

由于物的占有权可以从所有权中分离出来,因此,合法占有也存在两种情况,一是由所有权人直接占有,二是所有权人以外的他人因借用、承租、留置等而合法地占有。在第一种情况下,所有权人当然可以请求不法占有人返还原物,在第二种情况下,直接占有人(包括用益物权人、质权人、留置权人、借用人、承租人等)和间接占有人(亦即物权人)均可请求不法占有人返还原物。

在本案中,马某虽然曾经明确表示抛弃两间土屋的所有权,而且是其真实意思的表示,且他作出这一意思表示时具有完全民事行为能力。但是马某抛弃的是房屋,属于不动产,而不动产的抛弃应当进行登记,否则,不产生物权的效力。因此,马某抛弃房子的行为因为没有登记,并不产生丧失对其房屋所有权的法律效力,两间土屋的所有权仍属于马某,马某因此也可以请求张某返还这两间土屋。

● **法律依据**

《中华人民共和国物权法》第九条　不动产物权的设立、变更、转让和消灭，经依法登记，发生效力，未经登记，不发生效力，但法律另有规定的除外。

第三十四条　无权占有不动产或者动产的，权利人可以请求返还原物。

第二百四十三条　不动产或者动产被占有人占有的，权利人可以请求返还原物及其孳息，但应当支付善意占有人因维护该不动产或者动产支出的必要费用。

7. 地里挖出来的埋藏物，应如何处理？

● **案例简介**

陕西省华县张家镇李家村前几年发生了一件大事：李某等5位农民在本村挖土时，发现一处青铜器窖藏，他们妥善保护了现场，并及时打电话向文物部门报告情况。经文物考古专家抢救发掘，清理出土了均刻有铭文的西周晚期青铜器28件，这些青铜器对夏商周断代工程及西周历史文化研究有着十分重要的意义。这5名农民因此荣获了"2005年度中国杰出文化人物"称号，有关文物部门对5名农民分别奖励2万元。李某的堂弟战士小李向值班律师咨询，是否发现这些埋藏物都必须要这么处理？

● **律师答疑**

我国法律规定，在我国境内地下、内水和领海内遗存的一切文物，属于国家所有。李某等五位农民挖掘出的青铜器很显然属于文物，其所有权属于国家，几位农民将文物出土情况主动报告给文物部门，是向权利人交还文物的行为。而文物部门对农民进行奖励也是对埋藏拾得人的奖励，李某等五人所为符合法律规定，且应受到奖励。

● **法律依据**

《中华人民共和国物权法》第五十一条　法律规定属于国家所有的文物，属于国家所有。

《中华人民共和国文物保护法》第五条　中华人民共和国境内地下、内水和领海中遗存的一切文物，属于国家所有。

古文化遗址、古墓葬、石窟寺属于国家所有。国家指定保护的纪念建筑物、古建筑、石刻、壁画、近代现代代表性建筑等不可移动文物，除国家另有规定的以外，属于国家所有。

国有不可移动文物的所有权不因其所依附的土地所有权或者使用权的改变而改变。

下列可移动文物，属于国家所有：

（一）中国境内出土的文物，国家另有规定的除外；

（二）国有文物收藏单位以及其他国家机关、部队和国有企业、事业组织等收藏、保管的文物；

（三）国家征集、购买的文物；

（四）公民、法人和其他组织捐赠给国家的文物；

（五）法律规定属于国家所有的其他文物。

属于国家所有的可移动文物的所有权不因其保管、收藏单位的终止或者变更而改变。

国有文物所有权受法律保护，不容侵犯。

第六条　属于集体所有和私人所有的纪念建筑物、古建筑和祖传文物以及依法取得的其他文物，其所有权受法律保护。文物的所有者必须遵守国家有关文物保护的法律、法规的规定。

第七条　一切机关、组织和个人都有依法保护文物的义务。

8. 开发商出售停车位合法吗？

● **案例简介**

　　武警长沙支队滨河中队接到协助通知：滨河小区有数十人聚集争斗。于是，中队长老王带领中队战士迅速赶赴现场。经了解得知：滨河小区地下停车场180多个车位中有90多个被对外公开出售，出售按使用年限分10年期、15年期、20年期，价格分别是5.5万元、6.5万元、7.5万元，再根据位置的不同加价，最低加50元，最高加1 200元，越是停车出入方便的地方加钱越多，非小区业主也能买车位。车主买了车位后，每月交60元管理费，小区全天24小时由保安值班，还有人负责打扫卫生。"拍卖了，没买车位的住户怎么停车？我们小区有2 000多住户啊。"当时，该小区不少居民认为地下停车场应该属于小区全体业主所有。而该小区的开发单位，长沙市经济适用房发展中心则认为，由于开发该经济适用房，政府背了很重的包袱，通过拍卖小区地下停车场，可以回收一些成本。由此引发了一场地下停车场所有权之争。

● **律师答疑**

　　本案涉及的法律问题是建筑物区分所有权，又称"住宅所有权"、"公寓所有权"，是指建筑物区分所有人对建筑物专有权和对建筑物共用部分的共有权结合为一体而形成的特别所有权。

　　建筑区划内规划用于停放汽车的车库、车位，业主可以通过购买、附赠等方式取得专有所有权，而占有业主共用道路用于停车的，因该其用道路和场地属于业主共有，开发商无权出售与附赠。应当由当事人通过出售、附赠或者出租等方式约定。小区内不是专门用于停放汽车的公用道路，权利属于业主共有。

上述事件中，开发单位与业主之间对于车位的归属问题显然没有作出约定，且该车位是专门规划用于停车的地下停车场，而不是占用公有的道路用于停车。因此，开发单位按便利条件以不同的价位出售车位是有法律依据的。但是《物权法》也明确了车库应当满足业主需要的要求，本案中开发单位将超出二分之一的车位向外出售，在某种程度上损害了部分目前无力购车业主将来的利益。因此，业主和开发单位之间的利益存在一个平衡与协调的关系。

● **法律依据**

《中华人民共和国物权法》第七十四条　建筑区划内，规划用于停放汽车的车位，车库应当首先满足业主的需要。建筑区划内，规划用于停放汽车的车位，车库的归属，由当事人通过出售，附赠或者出租等方式约定。占用业主共有的道路或者其他场地用于停放汽车的车位，属于业主共有。

9. 农民外出打工，其土地承包经营权会丧失吗？

● **案例简介**

战士小刘向值班律师咨询：他的叔叔刘某取得8亩土地的承包经营权，后刘某外出打工。把该地交给其所在的行政村村委会，村委会把土地承包给了李某，李某耕种至今。在第二轮土地承包时，村委会又与李某续签了土地承包合同。2008年刘某外出务工回来，向村委会索要土地未果而诉至法院，请求村委会和李某返还土地。该8亩土地中的2亩在诉讼前已经被国家征用，补偿费20 000元由李某领取。

● **律师答疑**

本案涉及土地承包经营权的取得与解除。土地承包经营权是指土地承包经营权人为从事种植业、林业、畜牧业，对其承包的集体所有或者国家所有由农民集体使用的土地所享有的占有、使用、收益的权利。

承包经营权的主体是农村集体经济组织和公民个人，客体是土地、山岭、草原、荒地、滩涂等，主要内容是承包经营权人依照承包合同的规定所享有的对农村土地的占有、使用、收益和处分的权利和所承担的义务，产生的法律根据是承包合同。承包合同一般包括以下条款：①发包方、承包方的名称，发包方负责人和承包方代表的姓名、住所；②承包土地的名称、坐落、面积、质量等；③承包期限和起止日期；④承包土地的用途；⑤发包方和承包方的权利和义务；⑥违约责任。《农村土地承包法》第22条规定，承包合同自成立之日起生效。承包方自承包合同生效时取得土地承包经营权。

由此可以看出，土地承包经营权具有很强的物权属性。土地承包经营的解除程序是十分严格的,完全不同于一般意义上的合同。如果未按照法律规定的程序解除合同的,当事人依然享有土地承包经营权。从此角度分析,刘某将土地交回,并不当然说明刘某的土地承包经营权就丧失、李某就取得了8亩耕地的承包经营权,刘某有权要求村委会和李某返还土地。

● **法律依据**

《中华人民共和国物权法》第一百二十五条　土地承包经营权人依法对其承包经营的耕地、林地、草地等享有占有、使用和收益的权利,有权从事种植业、林业、畜牧业等农业生产。

《中华人民共和国农村土地承包法》第二条　本法所称农村土地,是指农民集体所有和国家所有依法由农民集体使用的耕地、林地、草地,以及其他依法用于农业的土地。

10. 怎样才算合法取得农村宅基地使用权？

● **案例简介**

战士小王收到远在长阳县桃花村哥哥王平的来信，信中提及一件事：王平原系南阳地区苏县人，在长阳县境内做小生意，因无处居住，与桃花村三组达成协议，由桃花村三组给王平解决一处宅基地，王平以青苗赔偿费支付给桃花村三组2 600元钱。桃花村三组给王平的宅基地属于可耕地，王平在该处宅基地上建房居住，并在此做生意，个体经营。但王平一直未取得该处宅基地的合法使用证。后桃花村三组为收回该处宅基地，在未经有关部门批准的情况下，组织七组村民，驾驶拖拉机，将王平经营的所有商品非法扣押，并把王平居住的房屋全部拆除。王平现只能住在亲戚家。无奈之下，王平向长阳县人民法院起诉，要求法院维护自己对宅基地的使用权，并要求桃花村赔偿全部使用权。小王想问王平的诉讼请求能得到支持吗？

● **律师答疑**

不能得到支持。关于宅基地使用权是我国特有的一种用益物权形式，是新中国成立以来在中国土地政策基础上形成的一个固有制度。农村宅基地使用权，是指农村居民在依法取得农村集体组织所有的宅基地上建筑房屋并居住使用的权利。该权利有以下特点：①宅基地的所有权归集体。②宅基地使用权的主体是特定的农村居民。③宅基地使用权的有限性。我国法律规定，农村村民符合下列条件之一的，可以向所在村民委员会或农村集体经济组织申请划批宅基地：居住拥挤，宅基地面积少于规定的限额标准的；因结婚等原因，确需建新房分户的；原住宅影响村镇规划需要搬迁的；经县级以上民政府批准回原籍落户，农村确无住房的，包括批准回乡定居的职工、离退休干部、复员退伍军人、回乡定居的华侨、港澳台同胞等非农业人口；县级以上人民政府规定的其他条件。历史上虽然宅基地使用权的取得有多种方式，但是现阶段，则以申请、审批为主要的原始取得方式。申请宅基地的程序：①村民首先向所在的农村集体经济组织——村委会提出申请，村委会同意后将申请提交乡镇土地管理部门；②乡镇土地管理部门接到申请后到现场查看；③申请人填写《建房用地申请表》，经乡镇人民政府审核后报县级人民政府土地管理部门审核，最终由县级人民政府批准。

本案中，王平并不是桃花村三组的集体经济组织成员，因此不具有在桃花村三组申请获得宅基地的资格，即使是王平有资格获得宅基地，也没有按照法律规定的程序办理申请手续，所以无权在桃花村三组获得宅基地。再则，根据上述申请程序规则，桃花村三组不是划拨耕地做宅基地使用的权利主体，也无权批准王平获得该块宅基地。因此，王平的诉讼请求无法得到支持。

● **法律依据**

《中华人民共和国物权法》第一百五十二条　宅基地使用权人依法对集体所有的土地享有占有和使用的权利，有权依法利用该土地建造住宅及其附属设施。

第一百五十三条　宅基地使用权的取得、行使和转让，适用土地管理法等法律和国家有关规定。

《中华人民共和国土地管理法》第六十二条　农村村民一户只能拥有一处宅基地，其宅基地的面积不得超过省、自治区、直辖市规定的标准。

11. 房产证上房屋所有权人登记错误,有法律效力吗?应该如何处理?

● **案例简介**

战士小王向律师求助:他哥哥王某自建起一栋二层楼房后,约好友李某一同去房管机构办理权属登记。由于房管机构的工作人员疏忽,将所有权人错误登记为李某,王某一时大意并未察觉。随后王某因长期外出务工,遂将该房屋交由李某保管。后来,某日李某向赵某借款15万元,并以该楼房作为抵押,双方去房管机构办理了抵押登记。后因李某不能按时还款付息,便与赵某协商将该楼房拍卖偿还借款。王某得知此事后一方面要求房管机构撤销错误登记并确认其为所有权人;一方面坚决反对赵某拍卖楼房。因最终无法达成协议,王某遂将李某和赵某一同诉至法院,要求确认二者间的抵押合同无效。

● **律师答疑**

本案体现了物权法的公信原则。所谓公信原则,是指物权变动的公示方式所表现的物权即使与真实的权利状态不一致,但对于信赖此项公示方法所表示的物权而为物权交易的人,法律仍承认其具有与真实物权存在相同的法律效果而加以保护的原则。物权法的公信原则虽然在一定程度上减弱了物权追及效力,但是有利于维护整体交易安全和秩序,因此成为近代各国物权法的基本原则之一,我国《物权法》的规定也体现了该原则。

公信原则要求,对于不动产物权的变动,以登记为其公示方法,对于动产物权的变动,以交付为其公示方法。

第三人受登记公信力保护的条件为：①第三人须为善意。所谓善意，一是不知情，即相对人在从事交易时不知道或不应当知道交易的另一方当事人并非真正的权利人；二是第三人支付了适当的对价。如果第三人不是善意，将不受公信原则的保护。②第三人取得权利须基于法律行为，不是基于法律行为或者法律行为在其他方面存在无效原因的，均不受登记公信力的保护。③须登记错误不能从登记簿中发现，且登记簿无异议登记，否则将会阻却公信力发生效力。

具体到本案，因房管机关的错误登记，房产证上登记的房屋所有权人为李某，这一登记具有公信力。而且王某长期外出务工，将该楼房交由李某保管，赵某不知道权利上存有瑕疵，因此赵某是善意第三人，其对该房屋享有的抵押权应为物权登记的公信力所保护，赵某可以通过拍卖该房屋来实现自己的债权。王某不得主张李某与赵某之间的抵押行为无效，但是李某的无权处分侵害了王某的所有权，王某可以对李某提起侵权之诉要求李某赔偿损失以获得救济。

● **法律依据**

《中华人民共和国物权法》第九条　不动产物权的设立、变更、转让和消灭，经依法登记，发生效力；未经登记，不发生效力，但法律另有规定的除外。

12. 已付款购买的电脑，没拿到手就被转给他人，还能继续要求交付吗？

● **案例简介**

战士小马于同学李某电话中得知：李某即将出国进修，他将其所在单位甲公司配备给他使用的一台笔记本电脑以5 000元的价格卖给邻居赵某。但由于李某离出国还有一个星期，有一些资料要整理，需要使用电脑，于是在卖给赵某时又与赵某签订了一个借用协议，注明该笔记本电脑已卖给赵某，但暂借给李某使用一个星期。在李某借用电脑期间，李某开始办理离职手续，此时甲公司告知李某，公司给他配备的笔记本电脑他只有使用权，所有权仍属公司，如果李某不归还该笔记本电脑，将要按原价12 000元偿付给公司。李某表示愿意退还笔记本电脑，并实际交付给公司办理了有关手续。嗣后，李某告知赵某笔记本电脑公司只是配给他使用的，现已被公司收回，他愿意退还赵某5 000元。但赵某并不同意，以李某、甲公司为被告诉至法院，要求归还笔记本电脑。

● **律师答疑**

本案中涉及动产的交付方式、善意取得等法律问题。动产的交付方式有四种：现实交付、简易交付、指示交付和占有改定。现实交付是交付最常见的方式，即实际占有动产的转让人将动产移转给受让人占有。其他三种交付方式在我国《物权法》第25条、第26条、第27条作了分别规定。在本案中，李某将笔记本电脑转让给赵某，但同时又约定由李某继续占有该电脑，属于动产交付的第四种方式，即占有改定。

善意取得是指善意取得人取得物的所有权或在物上设定的其他权利，从而导致对原所有权人权益保护的相对削弱。其构成要件是：转让人是无权处分人、受让人取得财产是出于善意并支付了合理的对价、善意取得的财产必须是法律允许流通的财产、受让人必须通过转让人的交付而实际占有已取得的财产。本案中赵某支付了5 000元，购买了李某的笔记本电脑，虽然"不知情"，但是未实际占有已经取得的财产。因此不构成善意取得。因此，本案中的电脑仍然归甲公司所有。

● **法律依据**

《中华人民共和国物权法》第二十三条　动产物权的设立和转让，自交付时发生效力，但法律另有规定的除外。

第二十七条　动产物权转让时，双方又约定由出让人继续占有该动产的，物权自该约定生效时发生效力。

第一百零六条　无处分权人将不动产或者动产转让给受让人的，所有权人有权追回；除法律另有规定外，符合下列情形的，受让人取得该不动产或者动产的所有权：

（一）受让人受让该不动产或者动产时是善意的；

（二）以合理的价格转让；

（三）转让的不动产或者动产依照法律规定应当登记的已经登记，不需要登记的已经交付给受让人。

受让人依照前款规定取得不动产或者动产的所有权的，原所有权人有权向无处分权人请求赔偿损失。

当事人善意取得其他物权的，参照前两款规定。

13. 房屋抵押未经登记有效吗？

● 案例简介

　　战士小陈接到父亲陈某的电话：2000年10月11日，张某以陈某的房屋作为抵押物向A银行贷款人民币10万元，借款期限为五年，张某将陈某的房产证和土地证交付A银行保管，但双方未到房地产管理部门办理抵押登记。借款期满后A银行曾多次向张某催讨，但从未向陈某主张权利。截至2007年9月30日，张某尚欠A银行借款本息人民币80 000元未还。为此，A银行于2007年10月8日以张某、陈某为被告诉至法院。请问，银行对陈某的房屋享有抵押权吗？能否拍卖陈某的房屋？

● 律师答疑

　　根据《物权法》、《担保法》的相关规定，不动产抵押权的成立以登记为必要条件，即不动产设定抵押应当到房产登记主管部门进行抵押登记才能生效。房屋属于不动产的范围，因此，履行法定的登记手续是不动产抵押权设立的必要条件。然而，就本案而言，张某、陈某和A银行没有对陈某的房屋办理抵押登记手续，毋庸置疑，本案的不动产抵押权并没有设立，银行不能对陈某的房屋行使抵押权。

● 法律依据

　　《中华人民共和国物权法》第一百八十条　债务人或者第三人有权处分的下列财产可以抵押：
　　（一）建筑物和其他土地附着物；
　　（二）建设用地使用权；
　　（三）以招标、拍卖、公开协商等方式取得的荒地等土地承包经营权；

（四）生产设备、原材料、半成品、产品；

（五）正在建造的建筑物、船舶、航空器；

（六）交通运输工具；

（七）法律、行政法规未禁止抵押的其他财产。

抵押人可以将前款所列财产一并抵押。

第一百八十七条　以本法第一百八十条第一款第一项至第三项规定的财产或者第五项规定的正在建造的建筑物抵押的，应当办理抵押登记。抵押权自登记时设立。

第二百零二条　抵押权人应当在主债权诉讼时效期间行使抵押权；未行使的，人民法院不予保护。

《中华人民共和国担保法》第四十一条　当事人以本法第四十二条规定的财产抵押的，应当办理抵押物登记，抵押合同自登记之日起生效。

第四十二条　办理抵押物登记的部门如下：

（一）以无地上定着物的土地使用权抵押的，为核发土地使用权证书的土地管理部门；

（二）以城市房地产或者乡（镇）、村企业的厂房等建筑物抵押的，为县级以上地方人民政府规定的部门；

（三）以林木抵押的，为县级以上林木主管部门；

（四）以航空器、船舶、车辆抵押的，为运输工具的登记部门；

（五）以企业的设备和其他动产抵押的，为财产所在地的工商行政管理部门。

14. 未交付质押的财产，质押合同成立吗？

● **案例简介**

战士小杨刚入伍不久，便得到不好的消息，心里很担心，于是向值班律师咨询：小杨的父亲杨某因开饮食店，向徐某借款一万元，双方签订书面借款合同约定：一年还本息，并由杨某将其摩托车出质于徐某做担保。徐某交给杨某一万元，杨某约定第二天带摩托车给徐某，但杨某第二天未将摩托车交付于徐某。三个月后，杨某因经营不善，出现亏损，于是将该摩托车交给孙某做质押，并签订质押合同，借得现款六千元。该合同还明确规定：杨某到期不归还借款，摩托车便折价归孙某所有了。杨某未能按时偿还徐某和孙某的借款，协商未果，徐某、孙某均向法院起诉，要求确认质押合同有效，孙某另外还要求法院根据质押合同确认杨某的摩托车归其所有。

● **律师答疑**

本案涉及动产质押有关法律问题。动产质押合同，是指债务人和债权人在平等协商的基础上，在债务人的特定动产上设定质权的合同。质押合同也和其他的合同一样必须具备了一定的实质生效要件才能发生法律效力。它的生效要件主要包括：第一，质押合同的当事人必须具有相应的行为能力；第二，当事人的意思表示真实。任何一方当事人违背自己真实意思而签订质押合同无效；第三，该合同的内容必须符合法律规定。比如，质押合同的质物不能是禁止流通的物，如枪支弹药、毒品。债权人因动产质押合同取得了动产质权，其主要功能就是督促债务人及时地履行债务，并保障债权人于债务人到期仍未履行债务的情况下得以实现其债权。动产质权的设立，《物权法》第212条规定："质权自出质人交付质押财产时设立。"据此，动产质权的设立必须以特定质物的交付为前提条件，如质物未交付，则质权不能设立。基于公平原则，法律规定禁止"流质条款"。所谓流质条款，是指在抵押或质押合同中，双方当事人约定当抵押人或质押人不能按期偿还债务时，由抵押权人或质押权人取得抵押物或质押物所有权的约定条款。也可以把流质条款称为流质契约。禁止流质契约的目的，既是为了保护担保人的利益，也是为了保护债权人的利益，体现民法的公平、等价有偿原则。

因此本案中，杨某虽然分别与徐某、孙某签订了质押合同，但并未向徐某交付作为质押的摩托车，因此，杨某与徐某之间的质押合同并未成立；虽向孙某交付了摩托车，但该合同中约定的如期满杨某不偿还，摩托车归孙某的有关条款属于流质条款，因此，该条款无效。摩托车仍然归杨某所有。

● **法律依据**

《中华人民共和国物权法》第二百一十条　设立质权，当事人应当采取书面形式订立质权合同。

第二百一十一条　质权人在债务履行期届满前，不得与出质人约定债务人不履行到期债务时质押财产归债权人所有。

第二百一十二条　质权自出质人交付质押财产时设立。

《中华人民共和国担保法》第六十六条　出质人和质权人在合同中不得约定在债务履行期届满质权人未受清偿时，质物的所有权转移为质权人所有。

15. 王某能否要求李某返还中巴车并赔偿其因车被扣造成的停运期间的损失？

● 案例简介

战士王某复员后向某汽车运输公司承包了一辆中巴车进行营运。双方签订承包协议约定，承包的中巴车登记为该汽车运输公司所有，王某每年向该汽车运输公司交纳一定数额的承包费。某日，王某在驾驶该车行驶过程中与骑摩托车的李某发生剐蹭致李某摔倒，双方发生争执。王某继续开车往前行驶。李某在前面村庄居住，遂打电话通知村里人将中巴车拦截后放掉车胎气，致车不能行驶后，将车扣留在村内。其后数月中王某多次找李某要求取回中巴车，均遭拒绝，于是王某向法院起诉，要求李某返还中巴车并赔偿其因车被扣造成的停运期间的损失。

● 律师答疑

本案中王某虽不是该车所有权人，但是基于与运输公司承包合同约定取得对该车的占有，是合法占有人。而李某村人扣留中巴车的行为系恶意占有，显然违反法律规定。具体理由为：依无权占有人是否误信其占有的权源为标准，占有可以分为善意占有和恶意占有。而本案中的李某村人扣留中巴车的行为属于恶意占有。所谓恶意占有，是指占有人知道或者应当知道其占有为无权占有的占有。本案中，李某村人明知该中巴车是属于王某使用的，而依然予以扣留，主观上存在着明显的故意。该行为显然违反法律规定。根据《物权法》第245条规定，占有是指对于物的事实上的控制与支配。根据占有受侵害的情形不同，分别产生占有物返还请求权、占有妨害除去权（排除妨害）和占有妨害防止请求权

（消除危险）、损害赔偿请求权。本案中，王某因承包合同从某运输公司取得对该中巴车的使用权并因此在事实上对该中巴车进行控制和支配，对该车进行了占有。李某将车强行扣留的行为侵害了王某对该车的占有，并使王某占有该车的利益（承包该车的营运收入）受到侵害。因此，根据《物权法》的相关规定，即使运输公司不以所有人身份对李某提出诉请，王某也可以直接以占有人身份作为原告向法院起诉，要求李某返还被扣车辆，并且要求赔偿因车辆被扣造成的运营损失。

● **法律依据**

《中华人民共和国物权法》第二百四十一条　基于合同关系等产生的占有，有关不动产或者动产的使用、收益、违约责任等，按照合同约定；合同没有约定或者约定不明确的，依照有关法律规定。

第二百四十二条　占有人因使用占有的不动产或者动产，致使该不动产或者动产受到损害的，恶意占有人应当承担赔偿责任。

第二百四十五条　占有的不动产或者动产被侵占的，占有人有权请求返还原物；对妨害占有的行为，占有人有权请求排除妨害或者消除危险；因侵占或者妨害造成损害的，占有人有权请求损害赔偿。占有人返还原物的请求权，自侵占发生之日起一年内未行使的，该请求权消灭。

16. 拖欠部分运费，就有权扣留全部货物吗？

● **案例简介**

李某复员后经营水产生意，2008年10月12日，他和兴旺货物运输有限责任公司（以下简称兴旺公司）签订一份货物运输合同，约定：由兴旺公司为李某运输一批鲜鱼25 000斤，在2008年10月14日前赶回本市，如果逾期，则按每天4 000元赔偿损失给李某；运费4 500元，由李某在合同签订之日预先支付3 000元，余下1 500元留待合同履行完毕即行支付。签订后，李某即支付运费3 000元给兴旺公司，兴旺公司亦立即组织车辆前往运货，并于13日晚赶回。14日早晨，李某前来取货，兴旺公司要求其按照合同约定先行支付剩余1 500元运费，但李某称暂无现款，拒绝支付。兴旺公司即扣押了3 000斤鲜鱼，并要求李某在16日前支付剩余货款。待到17日，李某来支付1 500元运费时，由于气温较高，兴旺公司未对鲜鱼进行妥善保管和变卖，导致一半鲜鱼腐烂变质。李某即拒绝支付剩余运费，并要求兴旺公司赔偿1 500斤鲜鱼腐烂造成的损失，兴旺公司拒绝赔偿，双方由此发生争执，李某遂将兴旺公司诉至法院。

● **律师答疑**

本案涉及留置权及其行使。留置是指债权人按照合同约定占有对方的财产，债务人不按照合同约定的期限履行债务时，债权人得占有该财产，并依照法律规定以该财产折价或拍卖、变卖所得的价款优先受偿的担保方式。与保证、抵押、质押这些约定的担保方式不同，留置是一种典型的法定担保方式，即它是依照法律规定的条件直接发生，无须由当事人设定。留置设定的法定条件是：一是债务人逾期不履行债务；二是债权人合法占有债务人的动产。我国法律虽然没有明确规定留置财产的范围，但从《担保法》的规定"因保管合同、运输合同、加工承揽合同发生的债权，债务人不履行债务时，债权人有留置权"可以看出，我国法律允许作为留置物的财产限于动产，不动产的留置尚未得到法律许可。三是债权人占有的动产与本项债权有牵连关系，这是确定债权人是否能行使留置权的关键因素，也是实践中最难以判定的因素。

在本案中，李某与兴旺公司之间存在运输关系，兴旺公司基于运输合同占有李某的鲜鱼，占有是合法的；李某未按时付清兴旺公司运费，存在未履行已届清偿期债务的行为；兴旺公司对鲜鱼的占有与运输费用的支付请求权之间基于同一法律关系——运输合同而存在，具有牵连关系；同时，不存在上述不得适用留置权的情形，因而，兴旺公司对李某鲜鱼的占有符合留置权的成立要件，有权留置李某的鲜鱼。另外，依据《担保法》的相关规定，兴旺公司留置的鲜鱼应当与李某所欠运费相当，并且应妥善保管鲜鱼，在履行期限届满时亦应及时变卖鲜鱼，而兴旺公司的行为与此相违背并造成了一定损失。据此兴旺公司应当赔偿李某的损失。

● 法律依据

《中华人民共和国物权法》第二百三十条　债务人不履行到期债务，债权人可以留置已经合法占有的债务人的动产，并有权就该动产优先受偿。

前款规定的债权人为留置权人，占有的动产为留置财产。

第二百三十四条　留置权人负有妥善保管留置财产的义务；因保管不善致使留置财产毁损、灭失的，应当承担赔偿责任。

《中华人民共和国担保法》第八十四条　因保管合同、运输合同、加工承揽合同发生的债权，债务人不履行债务的，债权人有留置权。

法律规定可以留置的其他合同，适用前款规定。

当事人可以在合同中约定不得留置的物。

第八十五条　留置的财产为可分物的，留置物的价值应当相当于债务的金额。

第八十六条　留置权人负有妥善保管留置物的义务。因保管不善致使留置物灭失或者毁损的，留置权人应当承担民事责任。

17. 被开除公职后，会丧失公有住房所有权吗？

● 案例简介

李某与丈夫王某系某纱厂的正式职工。1995年4月，夫妻共同出资5 600元，购买职工住房一套，具有80%的产权。由李某和厂方签订合同。后两人离婚，经协商，房屋归李某所有，李某领证后就与他人结婚并住了进去。不久前，纱厂以李某违反厂规为由，将李某开除公职并收回了上述职工住房，他们的儿子战士小王向律师咨询，纱厂的做法合法吗？

● 律师答疑

李某与厂方之间的房屋买卖关系是双方当事人之间的真实意思表示，也不违反法律，行政法规的强制性规定，因此双方的买卖行为合法有效。厂方收回李某享有的有限产权房屋，缺乏当事人约定及政策和法律依据。双方在签订优惠房屋买卖合同时，并未明确约定一旦解除或终止关系，职工即退还有限产权房屋的附条件购房合同。换言之，李某与工厂之间的劳动关系和公房买卖合同关系是两个完全不同的法律关系，劳动关系的解除不能成为公房买卖关系无效的理由。

因此，李某被工厂开除并不能成为其丧失对公房所有权的理由，即使其与工厂之间不存在着劳动关系，其已经不是工厂的职工，工厂也不得以劳动关系的消灭作为购房职工不得继续享有所购房产的所有权的理由。

● 法律依据

《中华人民共和国物权法》第九十三条　不动产或者动产可以由两个以上单位、个人共有。共有包括按份共有和共同共有。

18. 拾金不昧也可以要求酬金吗？

● 案例简介

战士江华刚入伍，跟大家讲述了自己亲身经历的一件事：2009年4月12日晚，江华与同学张雪在天津和平影院看电影，刘某独自一人坐在江华的左侧观影。散场时，刘某不慎将随身携带的朋友孟某委托其代办相关事宜的公文包遗忘在座位上，内装有价值100多万元的汽车提货单及附加费等物品。后被江华发现，他将公文包捡起，等候片刻后，见无人寻包，便将该包带走并交给张雪进行保管。刘某离场之后，发现公文包遗失，经寻找未能找到。故事后刘某于2009年4月14日、15日在天津《今晚报》、4月17日在《天津日报》上相继刊登寻包启事，表示"重谢"和"必有重谢"。因寻包没有结果，孟某又亲自从河南到天津，以其自己名义于2009年4月22日在天津《今晚报》上刊登内容相似的寻包启事，并将"重谢"变为"一周内有知情送还者酬谢15 000元"。当晚，江华看到以孟某名义刊登的寻包启事，即刻告诉张雪，并委托张雪与孟某联系。4月23日中午，张雪电话与孟某联系，确定了交换公文包与酬金的具体细节。当日下午，双方在约定时间、地点交接时，因孟某不同意支付酬金，双方发生争执。后江华向天津市和平区人民法院起诉，要求刘某、孟某履行在广告中约定的义务，兑现报酬15 000元。

● 律师答疑

此案是寻找遗失物，悬赏广告报酬纠纷案。悬赏广告，是指广告人以广告的方式声明，对于完成广告所指定的一定行为的人，给付一定的报酬或给付一定待遇的行为。在这种行为中，广告人作出对世声明，以自己为给付行为的义务人，以完成广告中所指定的一定行为的人为享受给付的权利人，从而使自己和完成了该行为的人之间成立一种债的法律关系。完成了该行为的人即对广告人产生了给付广告中允诺的给付内容的请求权，广告人必须依广告设定的义务内容履行其义务。本案刘某、孟某刊登的"寻包启事"，符合悬赏广告的特征，故应按悬赏广告纠纷处理。我国《物权法》对悬赏广告作了相关规定，即权利人在获得帮助时，应当兑现承诺，在接到江华等送来的丢失物后，应当支付报酬15 000元。

● **法律依据**

《中华人民共和国物权法》第一百一十二条 权利人领取遗失物时，应当向拾得人或者有关部门支付保管遗失物等支出的必要费用。权利人悬赏寻找遗失物的，领取遗失物时应当按照承诺履行义务。拾得人侵占遗失物的，无权请求保管遗失物等支出的费用，也无权请求权利人按照承诺履行义务。

19. 购买房屋，还需要另行支付防盗网、防盗门及地板砖等费用吗？

● 案例简介

战士小田向律师咨询：他的哥哥田某与宋某于2010年9月21日达成房屋买卖协议，宋某将位于天门县楚江镇的一套房屋卖给田某，价格为9.5万元。因出卖的该套房屋此前已由宋某出租给他人使用，租期未满，双方在协议中约定于2011年2月10日前交付房屋。2011年3月，双方正式办理了房屋产权过户手续，将该房屋产权过户到田某名下。后宋某未按时腾退房屋，田某要求他立即腾退，但是宋某要求田某另行补偿防盗网、防盗门及地板砖费用。田某认为防盗网、防盗门及地板砖在当初买卖时已经存在并包含在整个房价中，因此不同意另行补偿。双方为此发生纠纷，经所在社区居委会调解未果，田某诉至法院，请求判令宋某立即腾退房屋。

● 律师答疑

本案涉及主物和从物的关系。我国法律规定，主物转让的，从物随主物转让，但当事人另有约定的除外。田某与宋某就宋某位于天门县楚江镇的房屋买卖关系明确，且经房屋产权主管部门变更登记后，田某已经取得对该套房屋的所有权，宋某已无权占有该房屋，故田某要求宋某腾退住房合法有据；因该房屋的防盗网、防盗门、地板砖在出卖时已经存在，属于该房屋的附属设施，即主物房屋的从物；双方协议中对该从物无特别约定，故该从物已随主物转让，宋某因此无权要求田某另行补偿防盗网、防盗门及地板砖的费用。

● 法律依据

《中华人民共和国物权法》第一百一十五条 主物转让的，从物随主物转让，但当事人另有约定的除外。

20. 开发商侵犯了我的眺望权，我应该怎么办？

● **案例简介**

战士小李向律师咨询：他的舅舅张某因需购置住宅用房，于2006年11月某日，到某房产公司开发的某住宅花园相看住宅楼房。其间，张某看中了位于花园大门后第一排的一栋住宅，该房位于一楼最东头，东邻花园中心路，门前就是宽敞的花园大门。尤为重要也是张某最为看中的是，宣传图片及小区模型显示该房前面的大门内侧没有任何建筑物，住进去以后，在房间里就可以自由欣赏街前的景色。张某向售楼人员说明了自己的真实意思，售楼人员也向其保证将来也不会增添新的建筑设施，为了这一点，张某接受了价格不菲的房价条件，签订了购房协议，交付了首期房款。2007年9月，张某交足房款住进去后，不久就发现开发商在花园大门处搭起了脚手架，经了解得知，是要在大门内侧增建二层楼高的门楼。这样一来，就挡住了张某欣赏街前美景的视线，也有违他购买此房的初衷。张某找到开发商要求停止施工，但开发商认为他是在自己开发的小区内按照变更后的设计方案搞建设，与张某无关，张某无权阻拦其施工。双方相持不下，张某起诉到法院，要求开发商停止施工，并支付违约金3.5万元。

● **律师答疑**

本案涉及地役权问题。地役权是《物权法》所创设的法律制度，在此之前没有关于地役权的法律规定。张某与开发商之间通过合同的形式为张某设定的就是一种地役权，即眺望权。张某在与开发商签订房屋买卖合同时，向开发商表示过自己之所以购买该处楼房，一个重要的原因就是看中宣传图片及小区模型显示这栋楼房虽然位于一层,但却是在花园大门后的第一排,花园大门内侧没有任何建筑设施,非常宽敞,有利于自己欣赏门前美景,也正因为如此,自己才接受了这个位置和这个价格。开发商知悉张某的这个意思后,也明确表示以后不会在该房前增添其他建筑设施。因此,开发商出示的宣传图片、小区模型以及张某的购买意图和开发商的承诺都是该楼房买卖合同的内容,并已经生效,双方应当按照约定全面履行自己的义务。双方通过商品房购买合同约定,张某所购楼房前的土地使用权虽然属于开发商,但其却不得擅自在此增建其他建筑设施而影响原告向前眺望。如今,开发商擅自加盖建筑设施,违背合同的约定,对双方之间合同设定的张某所享有的"眺望权"造成了损害,开发商应当承担停止损害地役权的违约责任。

● **法律依据**

《中华人民共和国物权法》第一百五十六条 地役权人有权按照合同约定,利用他人的不动产,以提高自己的不动产的效益。

前款所称他人的不动产为供役地,自己的不动产为需役地。

第一百五十九条 供役地权利人应当按照合同约定,允许地役权人利用其土地,不得妨害地役权人行使权利。

21. 农村土地承包经营权的转让和转包有何不同？

● **案例简介**

战士小牛向值班律师讲述了自己家的事：1999年9月1日，小牛的哥哥牛海涛承包了本村的0.67公顷土地，并领取了本市人民政府颁发的土地承包经营权证，承包期限为30年。2006年春节过后，牛海涛全家搬到市区从事商业经营，便在2006年8月30日把承包的土地转给了本村的刘某耕种经营，期限为2006年8月30日到牛海涛30年土地承包的截止日2028年8月31日，双方还签订了"土地转让合同"。

2007年3月，该村村民委员会以牛海涛向刘某转让土地承包经营权事先没有经过村民委员会同意为由，向某市人民法院提起诉讼，请求法院认定牛海涛向刘某转让土地承包经营权的行为无效，并判令牛海涛向村民委员会交回所承包土地，而牛海涛辩称，他与刘某签订的"土地转让合同"其实是土地转包合同，依法无须事先征得村民委员会同意，因此请求法院依法驳回村民委员会的起诉。

● **律师答疑**

农村承包土地的转让、转包有着不同的法律效果。《农村土地承包经营权流转管理办法》第35条对转让、转包的含义作出了明确的解释：转让是指承包方有稳定的非农职业或者有稳定的收入来源，经承包方申请和发包方同意，将部分或全部土地承包经营权让渡给其他从事农业生产经营的农户，由其履行相应土地承包合同的权利和义务。转让后原土地承包关系自行终止，原承包方承包期内的土地承包经营权部分或全部灭失。转包是指承包方将部分或全部土地承包经营权以一定期限转给同一集体经济组织的其他农户从事农业生产经营。转包后原土地承包关系不变,原承包方继续履行原土地承包合同规定的权利和义务。接包方按转包时约定的条件对转包方负责。承包方将土地交他人代耕不足一年的除外。另外,我国法律、法规对土地承包经营权转让、承包土地转包的形式有着不同的要求:农民转让土地承包经营权事先必须向发包方提出转让申请,并经过发包方同意,由发包方在转让合同上签署意见并加盖公章;而农民转包承包土地,事先则无须向发包方提出转包申请,无须经过发包方同意,只要对转包行为及时向发包方备案。

本案中,牛海涛转给刘某土地的行为实质上是土地转包,性质上不属于土地经营权的转让,无须事先征得村民委员会同意,因此,村民委员会的起诉不能得到支持。

● **法律依据**

《中华人民共和国农村土地承包法》第三十七条 土地承包经营权采取转包、出租、互换、转让或者其他方式流转,当事人双方应当签订书面合同。采取转让方式流转的,应当经发包方同意;采取转包、出租、互换或者其他方式流转的,应当报发包方备案。

第六篇
侵权责任篇

1. 已受到刑事处罚还须支付精神损害抚慰金吗？

● **案例简介**

2012年3月17日，在京某部队刘士官驾驶一大众汽车行驶至北京市丰台区嘉园路，其刚将汽车驶入辅路，有一男青年骑着自行车摇摇晃晃地载着一位女青年经过，差点与刘士官的汽车相撞。男青年年轻气盛，就朝汽车吐痰并口出脏话，刘士官停车后便下来与男青年理论。男青年不分青红皂白，上来就对刘士官拳脚相加，并随手拾起路边的红砖块猛砸刘士官的头及身体，刘士官猝不及防身受重伤，后经住院治疗后，伤残评定为5级。男青年因本次故意伤害致人重伤被法院判处有期徒刑五年。刑事判决生效后，刘士官向法院提起民事诉讼，要求支付医疗费、交通费、残疾赔偿金、精神损害抚慰金等。但就精神损害抚慰金，男青年认为对本起故意伤害已经受到了5年的刑事处罚，不应再赔偿精神损害抚慰金了。请问男青年的说法正确吗？

● **律师答疑**

男青年应赔偿刘士官精神损害抚慰金。本案中，男青年因殴打刘士官造成其重伤，构成了故意伤害罪，根据《中华人民共和国刑法》的相关规定，男青年应当承担刑事责任，法院判决男青年犯故意伤害罪处有期徒刑五年是对的。男青年不仅要承担刑事责任，而且须承担侵权民事责任，赔偿损失的范围包括了精神损害抚慰金。男青年的伤害行为，导致了刘士官五级伤残的终身残疾，侵害了刘士官的健康权，给刘士官造成了严重的精神损害，根据《中华人民共和国侵权责任法》第四条的规定，男青年因故意伤害行为应当承担刑事责任的，不影响依法承担侵权责任，因此男青年在受到刑事处罚后仍应支付刘士官精神损害抚慰金。

● **法律依据**

《中华人民共和国侵权责任法》第四条　侵权人因同一行为应当承担行政责任或者刑事责任的，不影响依法承担侵权责任。

因同一行为应当承担侵权责任和行政责任、刑事责任，侵权人的财产不足以支付的，先承担侵权责任。

第二十二条　侵害他人人身权益，造成他人严重精神损害的，被侵权人可以请求精神损害赔偿。

2. 不能证明自己无过错，是否应承担赔偿责任？

● 案例简介

某武警部队张团长与其弟张弟、其妹张妹，为对父母表孝心，三人商议共同出资在县城里购买一套三层独幢房屋，提供给张父张母使用。该房屋购买后，产权登记到张团长及张弟、张妹名下，三方各自对房屋的份额为40%、30%、30%。房屋装修后，交给了张父张母使用。有一天，徐某从该房屋处经过，忽然廊檐脱落致徐某受伤，共花费医药费6 000多元，徐某找到张团长、张弟、张妹要求三人共同赔偿，三人均说是廊檐自动脱落的，他们没有任何过错，不应承担赔偿责任，无奈之下，徐某将三人告上法庭，要求他们承担赔偿责任。请问张团长、张弟、张妹是否应该承担赔偿责任呢？

● 律师答疑

如果张团长、张弟、张妹不能证明自己没有过错，应该对徐某承担共同连带赔偿责任。《侵权责任法》第六条第二款规定，根据法律规定推定行为人有过错，行为人不能证明自己没有过错的，应当承担侵权责任。第八十五条规定，建筑物、构筑物或者其他设施及其搁置物、悬挂物发生脱落、坠落造成他人损害，所有人、管理人或者使用人不能证明自己没有过错的，应当承担侵权责任。本案中，致徐某人身受到伤害的原因是房屋廊檐自动脱落，是房屋自身的质量原因造成的，不是使用人张父张母的管理不善造成的，这种情况下，应该推定房屋的所有人有过错，而张团长、张弟、张妹是该幢房屋的共同所有人，因此，如果张团长、张弟、张妹不能证明自己没有过错，应该对徐某承担共同连带赔偿责任。

● **法律依据**

《中华人民共和国侵权责任法》第六条　行为人因过错侵害他人民事权益，应当承担侵权责任。

根据法律规定推定行为人有过错，行为人不能证明自己没有过错的，应当承担侵权责任。

第八十五条　建筑物、构筑物或者其他设施及其搁置物、悬挂物发生脱落、坠落造成他人损害，所有人、管理人或者使用人不能证明自己没有过错的，应当承担侵权责任。

3. 他人教小孩损坏东西，小孩父母是否应承担责任？

● **案例简介**

小李子，9岁，其父母因感情不和离婚，小李子由其父抚养。李父是退伍士兵，文化程度不高，在家务农，为提高经济收入还时常给村里的邻居打短工，因此李父对小李子也一直是疏于管教。在正值农忙的一天，现年23岁的邻居黎某看到小李子一人在家，又看到另一邻居老张家没人在家，就对小李子说："老张平时在背后老说你爸和你的坏话，咱们报复他一下，老张一家今天都上山摘柚子去了，家里没人看，你去老张家把他挂在墙上的那幅画拿出来，我们拿画来出气。"小李子信以为真，便去老张家把画给偷了回来。偷出后，黎某与小李子便找来墨水和毛笔对该幅画进行了涂鸦，接着又由小李子给送回了老张家。老张回来后发现画被涂鸦，非常生气，原来被涂鸦的那幅画，是市里某知名画家所作，目前售价可达五千元。老张在了解到情况后便找李父索赔，李父以不知情为由拒不赔偿。请问老李的损失应由谁来承担？

● **律师答疑**

根据我国侵权责任法规定，教唆他人实施侵权行为的，应当与行为人承担连带责任。本案中，黎某已满18周岁，教唆小李子去偷老张家的知名作家的画作，造成重大损失，黎某无疑应当承担责任。但是，小李子年龄幼小，是无民事行为能力人，李父对黎某与小李子在知名画作上涂鸦的事实也并不知情，李父是否应当承担赔偿责任？事实上，李父作为小李子的监护人，平时对小李子疏于管教，发生此事也与李父未尽到监护责任有关，因此，李父应当承担相应的责任。

● **法律依据**

《中华人民共和国侵权责任法》第九条 教唆、帮助他人实施侵权行为的，应当与行为人承担连带责任。

教唆、帮助无民事行为能力人、限制民事行为能力人实施侵权行为的，应当承担侵权责任；该无民事行为能力人、限制民事行为能力人的监护人未尽到监护责任的，应当承担相应的责任。

4. 两人以上分别实施行为共同侵害他人权益，应如何承担责任？

● 案例简介

某文工团演员赵星星在风尚摄影公司拍了一张抱一玩具流氓兔的半身彩色艺术照。3天后，委托同学宋某取照片，将取片单交给了宋某。后来，宋某将照片交给了赵星星。一个月后，《靓丽》杂志刊登了风尚摄影公司的广告，除了介绍风尚摄影公司引进的彩扩设备的先进性能和风尚摄影公司精湛的摄影技术，并醒目标出："欢迎爱美女生光临，三八节大优惠，八八折"，且在该广告词的下面附上赵星星抱一玩具流氓兔的半身彩色艺术照的照片。该文是《靓丽》杂志社记者所撰写，其要求风尚摄影公司提供较好的照片一并配发。风尚摄影公司提供了包括赵星星艺术照等在内的十张照片供给《靓丽》杂志社记者选择。广告刊登后，引起了赵星星所在文工团的议论纷纷，认为赵星星未经允许代言广告挣钱等。赵星星是否被侵权？如果被侵权，《靓丽》杂志社和风尚摄影公司应如何承担责任？

● 律师答疑

众所周知，公民拥有肖像权，本案中《靓丽》杂志社与风尚摄影公司未经赵星星许可即自行在《靓丽》杂志刊登赵星星的照片，已侵犯了赵星星的肖像权，构成侵权。《靓丽》杂志社与风尚摄影公司均已侵权，属于法律规定的数人侵权，对数人侵权，必须先对数人侵权的各种情形进行分析。本案中，侵权人涉及两个主体，即《靓丽》杂志社与风尚摄影公司，首先要看两者有没有主观共同，即是否有共同的故意和过失。本案中显然两者没有合谋，即没有共同的故意，只是存在过失，但并不是在同一个行为中的过失，因此也不应当认定为共同过失，由此只能认定为无意思联络的数人侵权。《靓丽》杂志社与风尚摄影公司各自的行为相配合，才导致结果的发生，两者的侵权行为单独存在不能造成全部损害，因此应当按责任大小，由《靓丽》杂志社与风尚摄影公司各自承担相应责任。

● **法律依据**

《中华人民共和国侵权责任法》第十一条　二人以上分别实施侵权行为造成同一损害，每个人的侵权行为都足以造成全部损害的，行为人承担连带责任。

第十二条　二人以上分别实施侵权行为造成同一损害，能够确定责任大小的，各自承担相应的责任；难以确定责任大小的，平均承担赔偿责任。

5. 死亡赔偿金与被扶养人生活费可以同时主张吗?

● **案例简介**

2011年8月，某部罗战士驾驶"速腾"牌轿车由南向西左转弯至北京市丰台区××街中口，恰有赵女士驾驶"捷达"牌轿车由东向西行驶，"速腾"牌轿车右前部与"捷达"牌轿车左侧后部接触后，"捷达"牌轿车撞倒路南侧人行道上的退伍军人黎先生。事故发生后，黎先生被急救车送到医院抢救治疗，但因伤情特别严重，黎先生经抢救无效死亡。事故发生后，经交通事故责任认定，罗战士为全部责任，赵女士、黎先生无责任。黎先生共有被扶养人二人：1944年出生的父亲老黎（无业）、2007年出生的儿子小黎。在关于医疗费、交通费、丧葬费、死亡赔偿金、精神损害抚慰金等方面，各方对前述赔偿项目及金额均无异议，但在赔偿被扶养人生活费上，罗战士及所在的部队认为《侵权责任法》第十六条的规定并无被扶养人生活费赔偿项目，被扶养人生活费已经取消。罗战士及所在部队的说法是否正确？老黎与小黎是否可以在主张死亡赔偿金的同时主张被扶养人生活费？

● **律师答疑**

罗战士及所在部队的说法是不正确的，老黎与小黎可以在主张死亡赔偿金的同时主张被扶养人生活费。如果完全依照《侵权责任法》所列明的项目予以赔偿，最高人民法院则没有必要在法发〔2010〕23号文中对被扶养人生活费的赔偿进行明确的规定。虽然《侵权责任法》没有直接列明被扶养人生活费为赔偿项目，但根据法发〔2010〕23号《最高人民法院关于适用〈中华人民共和国侵权责任法〉若干问题的通知》第四条的规定，将被扶养人生活费计入残疾赔偿金或死亡赔偿金，因此不是取消被扶养人生活费，而是累加在残疾赔偿金或死亡赔偿金中，并非罗先生所认为的已经取消被扶养人生活费赔偿项目。死亡赔偿金和被扶养人生活费之间是并列关系，按照《最高人民法院关于审理人身损害赔偿案件适用法律若干问题的解释》规定，计算出的被扶养人生活费金额，与计算出的死亡赔偿金金额，二者相加之和即为最终确定的死亡赔偿金金额。被扶养人生活费只是在表达方式上被死亡赔偿金所取代，本案中，老黎与小黎可以同时主张死亡赔偿金和被扶养人生活费。

● **法律依据**

《中华人民共和国侵权责任法》第十六条　侵害他人造成人身损害的，应当赔偿医疗费、护理费、交通费等为治疗和康复支出的合理费用，以及因误工减少的收入。造成残疾的，还应当赔偿残疾生活辅助具费和残疾赔偿金。造成死亡的，还应当赔偿丧葬费和死亡赔偿金。

《最高人民法院关于适用〈中华人民共和国侵权责任法〉若干问题的通知》人民法院适用侵权责任法审理民事纠纷案件，如受害人有被抚养人的，应当依据《最高人民法院关于审理人身损害赔偿案件适用法律若干问题的解释》第二十八条的规定，将被抚养人生活费计入残疾赔偿金或死亡赔偿金。

《最高人民法院关于审理人身损害赔偿案件适用法律若干问题的解释》第二十八条　被扶养人生活费根据扶养人丧失劳动能力程度，按照受诉法院所在地上一年度城镇居民人均消费性支出和农村居民人均年生活消费支出标准计算。被扶养人为未成年人的，计算至十八周岁；被扶养人无劳动能力又无其他生活来源的，计算二十年。但六十周岁以上的，年龄每增加一岁减少一年；七十五周岁以上的，按五年计算。

被扶养人是指受害人依法应当承担扶养义务的未成年人或者丧失劳动能力又无其他生活来源的成年近亲属。被扶养人还有其他扶养人的，赔偿义务人只赔偿受害人依法应当负担的部分。被扶养人有数人的，年赔偿总额累计不超过上一年度城镇居民人均消费性支出额或者农村居民人均年生活消费支出额。

6. 被损坏物品的购买价格与实际市场价格不一致，以哪个价格赔偿损失？

● **案例简介**

姚某是紫砂壶的收藏家，其在北京丰台区姚家园附件租了一间四合院，里面收藏及摆放着各自各样的紫砂壶，人称"姚壶仙"。姚壶仙曾以10万元的价格从姚家园旧货交易市场淘得注明为宋时的紫砂壶及紫砂杯一套，姚壶仙视其为宝贝，常拿出来显摆。某部江西籍陈战士也是一名紫砂壶爱好者，有一天，他请假陪来京探望的弟弟去逛姚家园旧货交易市场，碰巧遇到姚壶仙在市场的一摊位前显摆其淘得的注明为宋时的紫砂壶及紫砂杯，便请求姚壶仙让其给予欣赏。姚壶仙便把紫砂壶递给陈战士欣赏，陈战士在欣赏过程中不小心把紫砂壶摔到地上。姚壶仙要求陈战士赔偿10万元，双方因此起了纷争，后经专家鉴定，紫砂壶为赝品，市场价格为368元。请问陈战士应该赔偿姚壶仙多少元呢？

● **律师答疑**

陈战士应该赔偿368元。本案中，陈战士不小心将紫砂壶摔破，虽然没有故意行为，但是属于过失损坏了姚壶仙所有的紫砂壶，符合侵权的构成要件，构成侵权，应该承担侵权责任。虽然姚壶仙是以10万元的价格购买该套紫砂壶，但由于是赝品，实际市场价格是368元，根据《侵权责任法》的规定，侵害他人财产的，财产损失按照损失发生时的市场价格或者其他方式计算，具体到本案中，陈战士应该赔偿姚壶仙遭受的实际损失368元。

● **法律依据**

《中华人民共和国侵权责任法》第六条 行为人因过错侵害他人民事权益,应当承担侵权责任。

第十九条 侵害他人财产的,财产损失按照损失发生时的市场价格或者其他方式计算。

7. 毁损了具有特定纪念意义的物品，是否可以主张精神损害赔偿？

● 案例简介

部队离休干部陈某是一位85岁的老人，他保存了家中唯一一张祖父时代的全家福照片，陈某对该张照片十分珍惜，由于照片时间已久，陈某决定拿去翻拍几张以更好地继续保存。陈某便拿着该张照片来到一家图片社，要求翻拍，并再三叮嘱图片社工作人员甲要妥善保管，该照片对其意义重大，甲一再表态会妥善保管。由于当时顾客较多，甲忙于接待，未把该照片拿到后台，而是将该照片顺手夹在一份报纸里并放在前台桌上。过了一会儿，图片社经理乙经过前台，发现有份报纸在前台，认为不整洁即把该份报纸扔进垃圾筒。因顾问众多，甲忙前忙后便把照片的事情忘记了。过了两天，陈某去取照片，甲才想起照片夹在报纸之事，赶忙寻找，但由于已事隔两天，垃圾桶里的报纸早已被清洁工处理掉了，再也无法找到照片。由于照片丢失，陈某非常伤心，想到再也无法再现祖父、父亲等全家人，伤心之余要求图片社赔偿精神损害，请问他的请求能得到支持呢？

● 律师答疑

陈某可以要求图片社赔偿精神损害。本案中，陈某已经85岁，其祖父母、父母亲已不在人世，因此陈某所拥有的能显现祖父、父亲等全家人的照片是属于具有人格象征意义的特定纪念物品。所谓具有人格象征意义的特定纪念物品，一般是指与特定人格的才能、品行、形象、风貌乃至精神魅力有关的纪念品，诸如照片、影集、骨灰盒、情书、已过世人留赠的纪念品等。图片社因工作人员甲、乙的失误造成照片的灭失，不能复得，确实给陈某造成极大的精神伤害。根据《侵权责任法》第二十二条的规定："侵害他人人身权益，造成他人严重精神损害的，被侵权人可以请求精神损害赔偿。"《最高人民法院关于确定民事侵权精神损害赔偿责任若干问题的解释》第四条的规定："具有人格象征意义的特定纪念物品，因侵权行为而永久性灭失或者毁损，物品所有人以侵权为由，向人民法院起诉请求赔偿精神损害的，人民法院应当依法予以受理。"因此，陈某可以要求图片社赔偿精神损害。

● **法律依据**

《中华人民共和国侵权责任法》第二十二条　侵害他人人身权益，造成他人严重精神损害的，被侵权人可以请求精神损害赔偿。

《最高人民法院关于确定民事侵权精神损害赔偿责任若干问题的解释》第四条　具有人格象征意义的特定纪念物品，因侵权行为而永久性灭失或者毁损，物品所有人以侵权为由，向人民法院起诉请求赔偿精神损害的，人民法院应当依法予以受理。

8. 骑车突发疾病导致撞伤他人，医疗费应如何承担？

● **案例简介**

江某（20岁）患有癫痫病，偶尔会在事先毫无征兆的情况下突然发作。2010年9月，江某与其父亲骑自行车去亲戚家探亲回家，在回家途中突然癫痫病发作，将路边某消防支队副支队长的8岁儿子小军撞伤，此时是副支队长牵着小军的手在人行道上行走的。江某父亲见状，迅速采取措施控制住江某，事后江某及其父亲急忙向副支队长及小军赔礼道歉，并和副支队长一起带小军到医院检查。经查小军头部磕地，手臂被撞骨折，先后总共花去医疗费5 000多元。在医疗费赔偿问题上，江某认为虽然小军是自己撞伤的，但自己并无故意，不应承担费用。问小军的医疗费应当由谁承担？

● **律师答疑**

侵权责任的承担以行为人有过错为基本构成要件，行为人对损害发生没有过错的，除法律规定承担无过错责任外，一般不承担责任。但在现实生活中，有些损害的发生行为人虽无过错，但毕竟由其引起，如果严格按照无过错即无责任的原则处理，受害人就要自担损失，这不仅有失公平，也不利于和谐人际关系的建立。本案中，江某20岁，是完全民事行为能力人，因突发癫痫病对自己的行为暂时没有意识或者失去控制没有过错，但造成小军受伤花去医疗费5 000多元。损害虽已发生，但江某没有过错，不应当承担民事责任。但是副支队长带小军在路边行走，遵守交通秩序，已经尽到了监护责任，却突遭飞来横祸支出了医疗费5 000多元。对小军的受伤，副支队长及江某均无过错，但如果均由副支队长承担小军全部治疗费用，实在有失公平。因此，根据侵权法第二十四条规定，出于公平考虑，应当根据江某和副支队长双方的实际情况来分担损失。不承担民事责任并不等于不分担损失，江某虽不应当承担民事责任，但应根据公平原则，与副支队长依据实际情况来分担医疗费。

● **法律依据**

《中华人民共和国侵权责任法》第二十四条　受害人和行为人对损害的发生都没有过错的，可以根据实际情况，由双方分担损失。

9. 司机超速行驶将准备自杀的人撞死，应如何分担责任？

● 案例简介

最近刘某因工作连连失误，被领导批评了几次，心情非常郁闷，恰好在这段时间，他又因婚房问题时常与女朋友发生争吵，其女朋友还给其下了最后通牒，如不能在3个月内置办一套婚房便要与其分手。2012年4月4日，刘某在上班时又受到了领导的批评，回到出租屋后女友又与其吵了一架。夜深了，天空开始下雨，刘某更是触景生情，感觉生活没什么意思，便想自杀一了百了。刘某翻越过出租屋附近的高速公路铁丝网，往高速公路中央一躺准备自杀。

而此时，士官小李正驾驶一辆地方丰田牌越野车送同学回家，但在高速公路上超速驾驶，在发现刘某躺在高速路中央时，因车速过快采取制动措施不当，致使刘某被撞当场死亡。事后刘某的亲戚要求小李承担全部责任。小李认为刘某是故意自杀，加上天黑且雨天路滑，自己对刘某的死不应承担责任。小李的说法对吗？

● 律师答疑

受害人故意造成损害，是指受害人明知自己的行为会发生损害自己的后果，而希望或者放任此种结果的发生。在本案中，受害人刘某因自身连遭挫折，一时想不开去高速公路自杀，本身存在故意，属于受害人故意的行为。如果事情仅限于此，侵权人是可以免责，应由受害人本人承担全部责任。但是，本案中加害人小李超速驾驶，在发现躺在高速路中央的刘某时，采取制动措施不当，致使受害人刘某被撞死，小李自身也存重大过失，即有过错，加害人小李就不能完全免责，应当承担相应责任。因为侵权责任法第二十七条是指损害完全是因为受害人的故意造成的,即受害人故意的行为是其损害发生的唯一原因。而本案中,受害人刘某的死亡,既与其自身到高速公路上自杀的故意行为有关,也与加害人小李超速驾车有关,因此本案应适用侵权责任法第二十六条的规定,所以小李的说法是错误的。

● **法律依据**

《中华人民共和国侵权责任法》第二十六条　被侵权人对损害的发生也有过错的,可以减轻侵权人的责任。

第二十七条　损害是因受害人故意造成的,行为人不承担责任。

《中华人民共和国道路交通安全法》第七十六条　机动车发生交通事故造成人身伤亡、财产损失的,由保险公司在机动车第三者责任强制保险责任限额范围内予以赔偿;不足的部分,按照下列规定承担赔偿责任:

(一)机动车之间发生交通事故的,由有过错的一方承担赔偿责任;双方都有过错的,按照各自过错的比例分担责任。

(二)机动车与非机动车驾驶人、行人之间发生交通事故,非机动车驾驶人、行人没有过错的,由机动车一方承担赔偿责任;有证据证明非机动车驾驶人、行人有过错的,根据过错程度适当减轻机动车一方的赔偿责任;机动车一方没有过错的,承担不超过百分之十的赔偿责任。

交通事故的损失是由非机动车驾驶人、行人故意碰撞机动车造成的,机动车一方不承担赔偿责任。

10. 劳务派遣单位对于派遣到用工单位的工作人员的侵权行为是否承担侵权责任？

● **案例简介**

退伍军人臧某返乡后自主创业，成立了一家个体工商户，取名军风装修经营部，经营装饰装修，由于工程所需人数不稳定，便找了一家劳务派遣公司合作。军风装修经营部与劳务派遣公司签订了常年劳务派遣合同。有一次，军风装修经营部要求劳务派遣公司给其派遣一名装修工，劳务派遣公司就把具有多年装修经验的张某派遣给军风装修经营部。张某虽然装修技术好，但脾气暴躁，在被派到军风装修经营部不到一个月的时间就曾与多人发生争吵，于是，军风装修经营部要求劳务派遣公司更换人，但劳务派遣公司以现在人手缺少为由迟迟未予以更换。一天，军风装修经营部安排张某到李某家装修玻璃，装修中，由于张某没按李某的要求装修，李某说了张某几句，张某便与李某争吵，并故意摔坏多块精致的玻璃，导致李某经济损失3 000多元，李某找军风装修经营部赔偿。臧某认为，劳务派遣公司派遣的人员不当，要求劳务派遣公司与军风装修经营部共同承担赔偿责任。臧某的说法是否正确？

● **律师答疑**

臧某的说法是正确的。劳务派遣公司对派遣劳务人员有过错，应当承担相应的补充责任。《侵权责任法》第三十四条第二款规定，劳务派遣期间，被派遣的工作人员因执行工作任务造成他人损害的，由接受劳务派遣的用工单位承担侵权责任；劳务派遣单位有过错的，承担相应的补充责任。本案中，张某是根据军风装修经营部的安排去李某家装修的，是属于执行工作任务，对其侵权行为，军风装修经营部应承担赔偿责任，而在劳务派遣公司派遣张某到军风装修经营部后，军风装修经营部要求劳务派遣公司更换人，但劳务派遣公司借口推迟，使得军风装修经营部继续用张某，最终导致侵权发生，根据《侵权责任法》第三十四条第二款规定，劳务派遣公司推迟换人，存在过错，应该对张某的侵权行为承担相应的补充责任。因此，臧某的说法是正确的。

● **法律依据**

《中华人民共和国侵权责任法》第三十四条　用人单位的工作人员因执行工作任务造成他人损害的，由用人单位承担侵权责任。

劳务派遣期间，被派遣的工作人员因执行工作任务造成他人损害的，由接受劳务派遣的用工单位承担侵权责任；劳务派遣单位有过错的，承担相应的补充责任。

11. 在网络上上传电影作品是否侵犯他人电影的著作权？

● 案例简介

2011年12月，战士小邢购买了一个电影《少年李小龙》的光盘，看后觉得非常好看，认为值得推荐给其他人观看，就把《少年李小龙》的光盘复制后上传到某电影网站。此后，任何人上网访问某电影网站时，根据页面提示顺序点击"少年李小龙"后，即可在页面上观看电影《少年李小龙》。制片人寰亚电影公司发现后，书面发出要求某电影网站删除该电影。而某电影网站却以无法确认用户小邢上传的电影《少年李小龙》是否为侵权作品为由拒绝。小邢与电影网站是否应对寰亚电影公司承担侵权责任？

● 律师答疑

寰亚电影公司是电影《少年李小龙》的制片人，享有该电影作品的著作权，应当受到法律保护。未经著作权人许可使用其作品，是对著作权的侵害。著作权包括复制、发行、表演、放映、广播、汇编、信息网络传播权等。本案中，小邢未取得制片人寰亚电影公司的许可而在网络上上传电影《少年李小龙》，此传播行为侵犯了寰亚电影公司的信息网络传播权。当在得知侵权行为发生或可能发生时，任何与该侵权行为或结果有一定关系的人或单位，都应当采取积极的措施，防止侵权结果扩大。某网站作为网络服务提供者，接到寰亚电影公司发出的要求删除该电影的通知后，没有及时删除，使侵权结果得以扩大，起到了帮助侵权人小邢实施侵权的作用，应当与小邢承担连带侵权责任。因此，在互联网上，稍不慎将祸从"指"出，请不要在网络上上传或传播不属于自己的作品。

● 法律依据

《中华人民共和国侵权责任法》第三十六条　网络用户、网络服务提供者利用网络侵害他人民事权益的，应当承担侵权责任。

网络用户利用网络服务实施侵权行为的，被侵权人有权通知网络服务提供者采取删除、屏蔽、断开链接等必要措施。网络服务提供者接到通知后未及时采取必要措施的，对损害的扩大部分与该网络用户承担连带责任。

网络服务提供者知道网络用户利用其网络服务侵害他人民事权益，未采取必要措施的，与该网络用户承担连带责任。

《中华人民共和国著作权法》第四十八条　有下列侵权行为的，应当根据情况，承担停止侵害、消除影响、赔礼道歉、赔偿损失等民事责任；同时损害公共利益的，可以由著作权行政管理部门责令停止侵权行为，没收违法所得，没收、销毁侵权复制品，并可处以罚款；情节严重的，著作权行政管理部门还可以没收主要用于制作侵权复制品的材料、工具、设备等；构成犯罪的，依法追究刑事责任：

（一）未经著作权人许可，复制、发行、表演、放映、广播、汇编、通过信息网络向公众传播其作品的，本法另有规定的除外。

《信息网络传播权保护条例》第十五条　网络服务提供者接到权利人的通知书后，应当立即删除涉嫌侵权的作品、表演、录音录像制品，或者断开与涉嫌侵权的作品、表演、录音录像制品的链接，并同时将通知书转送提供作品、表演、录音录像制品的服务对象；服务对象网络地址不明、无法转送的，应当将通知书的内容同时在信息网络上公告。

12. 顾客在酒店就餐时被打伤，侵权责任由谁承担？

● 案例简介

2011年3月8日，士官小董与朋友一起到某酒店吃饭，邻座李某和张某因喝酒发生争吵，继而动手打斗。小董见状，随即上前劝架，并一展身手将二人制止并劝开。张某随后离开了酒店。十几分钟后，张某带领十来个手持棍棒等工具的同伙赶到酒店，李某一看情况不妙便立刻夺门而逃，张某在酒店绕一圈后没有找到李某，在看到小董后一时怒起，便带领众人开始殴打小董。酒店保安见状，立刻报警，但未上前制止，只是围观。小董虽身手不凡，但手无寸铁也无法抵抗十几个人手持棍棒的围攻，最终被打成重伤。请问小董能否要求酒店承担医药费等损失？

● 律师答疑

小董重伤是由张某及其所带领的十几个人殴打所致，张某及其所带领的十几个人都有直接的责任，他们无法逃脱刑事制裁及应承担的民事赔偿责任。那么酒店是否也应该承担相应责任呢？酒店作为管理人，对前来就餐的顾客负有安全保障义务。在顾客发生争吵打斗时，酒店保安负有及时赶来制止并立即报警的义务，但本案中，在张某带领众人前来殴打小董时，酒店保安只是报警未上前制止，而且在围观，说明酒店未尽到相应的安全保障义务，因此酒店对小董的重伤应该承担相应责任，根据《侵权责任法》的相关规定，酒店对小董受伤而支出的医疗费等应承担相应的补充责任。

● **法律依据**

《中华人民共和国侵权责任法》第三十七条　宾馆、商场、银行、车站、娱乐场所等公共场所的管理人或者群众性活动的组织者，未尽到安全保障义务，造成他人损害的，应当承担侵权责任。

因第三人的行为造成他人损害的，由第三人承担侵权责任；管理人或者组织者未尽到安全保障义务的，承担相应的补充责任。

13. 校外人员对学生侵权，学校是否承担赔偿责任？

● **案例简介**

　　缨缨是某部师职干部陈某的女儿，现年14岁，就读于某市重点中学。该中学组织秋游，队伍行进中缨缨所在班级的班主任郑老师和其他教师闲谈，没有跟进照顾本班学生。缨缨私自离开队伍去购买食物，在回来时被迎面开来的摩托车撞倒，导致右腿严重骨折，花去医疗费等各项费用共计12万元。陈某向骑摩托车的李某索赔，由于李某家庭并不富裕，根本拿不出那么多钱，于是陈某要求学校与李某共同赔偿，而学校以由于李某的行为导致缨缨受伤为由拒绝赔偿。陈某认为，李某与学校应共同承担相应责任。陈某的意见对吗？学校对缨缨的受伤是否应该承担责任呢？

● **律师答疑**

　　陈某的意见是对的。学校由于未尽到管理职责，应该承担相应的补充责任。《侵权责任法》第四十条规定，无民事行为能力人或者限制民事行为能力人在幼儿园、学校或者其他教育机构学习、生活期间，受到幼儿园、学校或者其他教育机构以外的人员人身损害的，由侵权人承担侵权责任；幼儿园、学校或者其他教育机构未尽到管理职责的，承担相应的补充责任。本案中，缨缨只有14岁，是限制民事行为能力人，由于李某的侵权行为导致缨缨人身受到伤害，李某应当承担侵权责任。由于缨缨私自离队时，学校的郑老师在聊天，没有发现，未尽到照看的责任，学校应该为缨缨所受到的伤害承担相应的补充责任。

● **法律依据**

《中华人民共和国侵权责任法》第四十条　无民事行为能力人或者限制民事行为能力人在幼儿园、学校或者其他教育机构学习、生活期间，受到幼儿园、学校或者其他教育机构以外的人员人身损害的，由侵权人承担侵权责任；幼儿园、学校或者其他教育机构未尽到管理职责的，承担相应的补充责任。

14. 车主是否应对机动车辆的实际使用人的侵权行为承担责任？

● 案例简介

章士官回家探亲，一路乘火车到了火车站，其发小小李驾驶奥迪跑车到火车站来迎接他。章士官看到奥迪跑车后，心里非常激动，这是他一直梦寐以求的好车。由于章士官在部队开车，所以手里发痒，于是要求小李由其来驾驶奥迪跑车，小李不假思索就同意了。章士官驾驶奥迪跑车驶上国道，由于二人有2年未见面，有说不完的话，聊得很高兴，慢慢地章士官就不自觉地把油门加大了，未发现超速行驶，突然前面出现一个人，紧急刹车，但还是把前面的张老伯撞伤了。后经检测，奥迪跑车的刹车存在一定的问题，张老伯住院共花费医疗费等相关费用8万元，张老伯要求章士官赔偿，因奥迪跑车刹车质量有问题，章士官要求奥迪跑车车主小李与其共同承担赔偿责任。请问，小李是否应当承担赔偿责任呢？

● 律师答疑

小李是应当承担赔偿责任。本案中，章士官是奥迪跑车的实际使用人，因超速行驶违反交通规则把张老伯撞伤，应该对张老伯承担损害赔偿责任。小李是奥迪跑车的所有人，奥迪跑车刹车存在问题，在一定程度上对张老伯的损害的发生存在过错，根据《侵权责任法》第四十九条规定"因租赁、借用等情形机动车所有人与使用人不是同一人时，发生交通事故后属于该机动车一方责任的，由保险公司在机动车强制保险责任限额范围内予以赔偿。不足部分，由机动车使用人承担赔偿责任；机动车所有人对损害的发生有过错的，承担相应的赔偿责任"，小李对张老伯被奥迪跑车撞伤的损害应当承担相应的赔偿责任。

● **法律依据**

《中华人民共和国侵权责任法》第四十九条　因租赁、借用等情形机动车所有人与使用人不是同一人时，发生交通事故后属于该机动车一方责任的，由保险公司在机动车强制保险责任限额范围内予以赔偿。不足部分，由机动车使用人承担赔偿责任；机动车所有人对损害的发生有过错的，承担相应的赔偿责任。

15. 未过户的机动车发生交通事故，应当由谁承担责任？

● 案例简介

陈某是某部队的团职干部，与其父亲住在丰台区的一部队大院，陈父在朝阳区四惠地区的一家企业上班。为方便陈父上班，陈某决定给陈父买辆车作为代步工具。有一天，陈某与其同学江某聚会，陈某聊到准备买一辆二手车供陈父上班作为代步工具，此时，江某表示其准备换购新车，正想把其现在手里的大众宝来汽车出售。两人随即达成买卖价款，陈某即通知陈父到聚会场所与江某签署买卖协议。当天下午，江某即把大众宝来汽车及钥匙交给了陈父，并约定好第二天由陈父开到车辆管理所办理过户手续。第二天早上，陈父即驾驶该车去车辆管理所，由于较长时间没有开车，加之早高峰期间道路上车辆特别多，陈父不小心把叶某的宝马车给追尾了。经交通支队事故责任认定，陈父承担事故全部责任。叶某因宝马车被陈父追尾花费修车费两万余元。请问叶某的损失应当由江某还是陈父承担？

● 律师答疑

根据《物权法》第二十三条的规定，动产物权的设立和转让，自交付时发生效力。机动车属于动产，所有权的转移是以交付为生效要件。本案中，虽然陈父和江某并未办理大众宝来汽车的所有权转移登记手续，但江某已经将车辆实际交付陈父，陈父已经为车辆的实际控制人，且系由陈父驾驶车辆而发生交通事故，经交通支队进行事故责任认定，陈父承担事故全部责任。大众宝来汽车如果已经办理了机动车强制保险的，则由保险公司在机动车强制保险责任范围限额内对叶某进行赔偿，不足部分，由实际控制人陈父承担赔偿责任。

● **法律依据**

《中华人民共和国侵权责任法》第五十条　当事人之间已经以买卖等方式转让并交付机动车但未办理所有权转移登记，发生交通事故后属于该机动车一方责任的，由保险公司在机动车强制保险责任限额范围内予以赔偿。不足部分，由受让人承担赔偿责任。

《中华人民共和国物权法》二十三条　动产物权的设立和转让，自交付时发生效力，但法律另有规定的除外。

16. 在医院输血导致感染乙肝，应由谁承担责任？

● 案例简介

2012年9月2日，某部战士汪某因病住进某部队医院，因病情恶化需要输血，某部队医院从血库中紧急调出匹配的血浆为汪某输血，一个月后汪某病情好转出院。2012年11月19日，汪某却突然出现如低热、乏力、食欲减退、恶心、呕吐、厌油、腹胀、肝区疼痛、尿黄如茶水样等症状，到该部队医院检查后发现，汪某已经感染上乙肝，原因是两个多月前该医院使用的血浆。经查该批血浆由某生物公司生产，在生产过程中部分已经感染乙肝病毒。汪某不得已向某部队医院和某生物公司提出索赔，某部队医院认为自己对血浆问题毫不知情，且对每批从医药公司购进的血浆都进行了基本检测，尽到了自身的义务，问题出在某生物公司，汪某的损失应由某生物公司承担。某生物公司认为血浆被感染纯属意外，并且某部队医院在采购血浆后如果严格检测也能及时发现问题，某部队医院对此也应承担责任。请问刘某可以向谁主张承担责任？

● 律师答疑

根据《侵权责任法》第五十四条规定，医院对患者承担过错责任。本案中，如果某部队医院能够证明自身没有过错，如在采购血浆后进行了规范的检测，也未能发现血浆存在问题，则不应当承担责任。根据《侵权责任法》第五十九条规定，因药品、消毒药剂、医疗器械的缺陷，或者输入不合格的血液造成患者损害的，患者可以向生产者或者血液提供机构请求赔偿，也可以向医疗机构请求赔偿。患者向医疗机构请求赔偿的，医疗机构赔偿后，有权向负有责任的生产者或者血液提供机构追偿。本案中，血浆问题是在生产过程中出现的，因此汪某对自身的损失，既可以向某部队医院提出索赔，也可以向某生物公司提出索赔。某部队医院在承担责任后，可以向有责任的某生物公司追偿。

● **法律依据**

《中华人民共和国侵权责任法》第五十九条　因药品、消毒药剂、医疗器械的缺陷，或者输入不合格的血液造成患者损害的，患者可以向生产者或者血液提供机构请求赔偿，也可以向医疗机构请求赔偿。患者向医疗机构请求赔偿的，医疗机构赔偿后，有权向负有责任的生产者或者血液提供机构追偿。

第五十四条　患者在诊疗活动中受到损害，医疗机构及其医务人员有过错的，由医疗机构承担赔偿责任。

17. 动物造成游客损害，动物园已经尽了管理职责，是否还须承担赔偿责任？

● **案例简介**

2012年5月1日，某教导大队于教官带其四岁的儿子小于去动物园游玩。当他们来到金丝猴馆时，小于看到上蹿下跳、机灵活泼的猴子们特别开心，看到很多人给猴子喂食，小于也赶忙从于教官拎的包中掏出香蕉，给猴子喂食。于教官不想破坏儿子的兴致，也未顾旁边树立的安全提示牌及警告牌，对其儿子未予以制止。小于便将拿着香蕉的小手伸进防护网，结果引来5只猴子的争抢，小于的小手被猴子抓伤了。后去医院疗伤花了一千多元的医疗费。于教官是否有权要求动物园赔偿其儿子小于的医疗费呢？

● **律师答疑**

于教官无权要求动物园赔偿其儿子小于的医疗费。《侵权责任法》第八十一条规定，动物园的动物造成他人损害的，动物园应当承担侵权责任，但能够证明尽到管理职责的，不承担责任。本案中，于教官带其儿子小于去动物园游玩，在小于要给动物园的猴子喂食时，无视动物园的安全警告，未对小于的行为加以制止，未尽到监护人的责任，而使小于将手伸进防护网去喂食，由于猴子们的争抢而导致手被猴子抓伤，其本身存在过错，而动物园在金丝猴馆旁边明确树立有安全提示牌及警告牌，其已经尽到管理职责，根据《侵权责任法》第八十一条规定，动物园对小于不承担损害赔偿责任。

● **法律依据**

《中华人民共和国侵权责任法》第八十一条　动物园的动物造成他人损害的，动物园应当承担侵权责任，但能够证明尽到管理职责的，不承担责任。

18. 对逃逸的动物造成他人损害的，动物饲养者是否需要承担赔偿责任？

● 案例简介

某部队医院主任大夫王老退休后饲养了一只宠物狗，一天在遛狗时，未将这条狗用绳索拉住而是任这条狗到处跑，因这条狗受到路边一辆汽车按喇叭的惊吓，突然一蹿，跑得无影无踪。此后几天，王老虽然多方寻找但是仍没有找到。第六天，这条狗因多天未进食，经过石某所开的烤羊肉大排档时，闻到肉香味，把正在烤羊腿的石某咬伤并抢走正在烧烤的羊腿。石某花去医疗费900元，羊腿的价值是70元。后经报警，警察抓住了这条狗并得知这条狗是王老的。石某向王老主张赔偿医疗费及羊腿款。王老认为这条狗是自己逃逸，不是他赶走的，而且咬伤石某与抢走石某羊腿也不是他指使的，他本人不应当承担责任。王老是否应该对其逃逸的宠物狗咬伤石某、抢走石某羊腿的行为承担赔偿责任？

● 律师答疑

宠物狗虽然是自己逃逸，但是是因王老疏于管理，在遛狗时未正确用绳索拴住宠物狗，导致宠物狗受惊吓而逃。本案中，宠物狗将石某咬伤并抢走石某的羊腿，根据《侵权责任法》第八十二条规定，遗弃、逃逸的动物在遗弃、逃逸期间造成他人损害的，由原动物饲养人或者管理人承担侵权责任，因此王老应该对其逃逸的宠物狗咬伤石某并抢走石某羊腿的行为承担赔偿责任。

● **法律依据**

《中华人民共和国侵权责任法》第八十二条　遗弃、逃逸的动物在遗弃、逃逸期间造成他人损害的，由原动物饲养人或者管理人承担侵权责任。

19. 挑逗动物致他人被咬伤，伤者应当向谁索赔？

● **案例简介**

某部训犬员杜某退伍后，仍对训犬怀有极厚的感情，便购买了一只藏獒，闲暇时即对藏獒加以训练。一天，杜某对藏獒训练完毕后，用链条牵着藏獒在村庄小路上遛圈。此时，村庄里正好有一位平时游手好闲、无所事事的男青年鄂某也在村庄小路上溜达。鄂某看到藏獒后，来了兴致，故意上前去挑逗它。鄂某朝藏獒学狼嚎，引得藏獒也冲鄂某嚎叫，这时杜某立即制止藏獒并向鄂某好言相劝。鄂某不仅不听杜某的劝告，见光学狼嚎不起作用，就从地上捡起小石块朝藏獒扔过去。藏獒看到鄂某朝自己扔石头，立刻龇牙咧嘴，挣脱了杜某手里的链条，冲着鄂某扑过去。鄂某一看不妙，立刻撒腿就跑。恰好此时村里的小学放学，藏獒在追赶鄂某时将一名小学生小明撞倒摔伤并致左腿骨折，为此小明的父母支出了5 000多元的医疗费。请问小明的父母应当向谁索赔？

● **律师答疑**

小明的父母可以向杜某索赔，也可以向鄂某索赔。根据《侵权责任法》第八十三条的规定，由于第三人的过错致使动物造成他人损害的，被侵权人可以向第三人请求赔偿，也可以向动物的饲养人或者管理人请求赔偿。第三人的过错在大多数情况下表现为有意挑逗、投打、投喂、诱使动物等行为，在这种情况下造成他人伤害的，受害人有选择权，可以向动物的饲养人或管理人请求赔偿，也可以向第三人请求赔偿。本案中，正是因为鄂某向藏獒投掷小石块的行为，才导致藏獒将路过的小明撞伤，小明父母既可以向杜某提出索赔，也可以向鄂某提出索赔。当然，杜某对鄂某挑逗藏獒的行为已经进行了劝告，在本案中并无过错，因此，如果杜某在向该小学生的监护人履行了赔偿责任后，可以向第三人鄂某追偿。

● **法律依据**

《中华人民共和国侵权责任法》第八十三条　因第三人的过错致使动物造成他人损害的，被侵权人可以向动物饲养人或者管理人请求赔偿，也可以向第三人请求赔偿。动物饲养人或者管理人赔偿后，有权向第三人追偿。

20. 电子广告牌跌落砸坏车辆，应由谁承担责任？

● 案例简介

某部队医院因承办××专业委员会学术会议，为了对与会专家表示热烈欢迎，同时也为以后其他活动提供便利，便决定在医院门诊楼的楼顶安装一块电子广告牌，因此委托一家广告公司制作并进行安装。广告公司制作完电子广告牌后即到医院门诊楼楼顶安装。由于时值寒冬，不巧又碰上下大雪，天色又渐渐黑了，广告公司的员工匆忙安装完毕后未予以检查即离开。到午夜时雪停了，但却刮起六级大风，将电子广告牌刮落，砸到下面停放的一部宝马轿车。经查，电子广告牌跌落是因为广告公司疏忽大意安装造成的。宝马轿车车主因修车花去了3万多元，于是要求医院承担责任。医院认为电子广告牌跌落是广告公司安装不合格造成的，与医院无关，让宝马轿车车主找广告公司赔偿。宝马轿车车主找了广告公司，广告公司认为安装完毕后电子广告牌由医院管理，而且不巧遇上下大雪与刮大风，是意外事件，不同意承担赔偿责任。请问宝马轿车车主应该向谁主张赔偿责任？

● 律师答疑

宝马轿车车主应该向医院主张赔偿责任。建筑物上的悬挂物发生脱落致人损害实行的是过错推定责任原则。医院作为电子广告牌的所有人、管理人和使用人，只有能够证明自己没有过错才能免责。本案中电子广告牌虽然存在安装质量问题，但医院无法证明自己没有过错，应当承担责任。不过，广告公司在安装电子广告牌时未予以检查导致存在质量问题，根据侵权责任法第八十五条的规定，医院向宝马轿车车主承担赔偿责任后，可以向广告公司追偿。当然，因为广告公司并不是电子广告牌的所有人、管理人或者使用人，宝马轿车车主不能直接向广告公司提出赔偿。

● **法律依据**

《中华人民共和国侵权责任法》第八十五条　建筑物、构筑物或者其他设施及其搁置物、悬挂物发生脱落、坠落造成他人损害，所有人、管理人或者使用人不能证明自己没有过错的，应当承担侵权责任。所有人、管理人或者使用人赔偿后，有其他责任人的，有权向其他责任人追偿。

后 记

  编者以促进律师参与军队法制建设,为军队、军人、军属提供法律服务或者帮助为宗旨,在武丽君律师的倡议和组织下,共同编写了《军人常用法律知识解答》一书,旨在切实为军队官兵解决法律难题,提高其法律素质,希望能够成为军人、军属常备的贴身读本,指导他们处理相关涉法问题。今后,编者还将编写系列法律知识问答,为读者提供更多更实用的法律读本。

  由于水平有限,难免存在遗漏和不足,敬请读者谅解和批评指正。

编 者

2014年3月16日